ESSAI
DE
JURISPRUDENCE

Sur toutes sortes de sujets, Questions de Droit Civil & Canonique, Points de Coutume & Matieres Ecclésiastiques.

Par Me H. D. L. M. Avocat au Parlement.

TOME PREMIER.

A PARIS,

Chez {

La Veuve THIBOUST, Imprimeur du ROI, Place de Cambrai.

Et au Palais,

CHERON, Libraire, au S. Esprit.

M DCC LVII.

Avec Approbation & Privilège du Roi.

A
MONSEIGNEUR
LE FEVRE D'ORMESSON
DE NOYSEAU,
Président au Parlement.

ONSEIGNEUR,

Le bien de l'Etat, de la So-
ciété, & de la Religion, for-

a ij

me le plan de ces Essais de Jurisprudence : ce même bien a toujours été l'unique objet de votre zéle, & le sujet le plus constant & de vos veilles, & de l'assiduité de vos recherches.

Dans la place d'Avocat Général dont vous avez rempli la carriere avec l'applaudissement le plus décidé, quel jour n'avez-vous pas porté sur les Questions les plus obscures & les plus épineuses ? Avec quelle justesse & quel discernement ne nous avez-vous pas développé ces Questions civiles & canoniques, hérissées de

tant de controverſes ? Avec quelle
netteté ne nous avez-vous pas
préſenté & diſtingué les mœurs de
ces premiers Romains , & les
Conſtitutions de leurs Empereurs?
lumieres & diſtinctions capables
de nous former un vrai corps de
Droit François.

Dégagé des préventions des
Anciens , prémuni contre les préjugés des Modernes ; vous avez
répandu ſur la Juriſprudence de
ce premier Parlement du Royaume
les vraies lumieres qui nous con-
duiſent à préſent dans la route

certaine des plus conſtantes vérités.

Aujourd'hui que vous réuniſ-
ſez à ces qualités éminentes d'O-
rateur & de Jurifconſulte, celle
de Magiſtrat profond, & que
vous êtes un des Chefs de cette
auguſte Compagnie, dont l'unique ambition eſt de procurer la
gloire du Prince, le bonheur de
ſes Peuples & l'avantage de
l'Etat. Il eſt de votre dignité de
protéger les véritables principes
que vous avez ſi bien défendu;
agréez donc, MONSEIGNEUR,
ces Eſſais de Juriſprudence, que

je prends la liberté de vous dé-
dier, moins à titre d'Auteur décifif dont je fuis bien éloigné d'a-
voir & le mérite & la gravité,
qu'en vûe de les foumettre à vos
lumieres : je laiffe à ces Maîtres
confommés dans l'étude des Loix,
le foin & le travail des Traités
en forme. Je me renferme dans de
fimples Effais que je me fuis efforcé de fonder fur les principes les
plus certains.

Heureux fi le plan de cet
Ouvrage eft favorablement reçû ;
plus heureux s'il mérite d'être ac-
cueilli de VOTRE GRANDEUR,

& que je puiſſe avec confiance, vous aſſurer, & par reconnoiſ-ſance, & par zéle, du profond reſpeſt avec lequel je ſuis,

MONSEIGNEUR,

Votre très-humble & très-obéiſſant ſerviteur, H. D. L. M. Avocat au Parlement.

PREFACE.

LES raifons qui ont dé-
terminé l'Auteur à trai-
ter de la féparation de biens
entre Conjoints, forment la
plus grande partie de cet Ouvrage; ces raifons paroiffent fen-
fibles : tout retentit des plaintes des femmes fur les diffipations de leurs maris, & du mépris que ces femmes fouffrent
encore de leur part. Pour entrer dans une exacte connoiffance de l'une & de l'autre
prévarication, on doit examiner avec attention les Contrats de mariage; cet examen

doit tomber fur l'apport du
mari , & fur l'objet de fes
remplois. On voit à ce fujet
des fraudes fi multipliées, que
touché du fort infortuné d'u-
ne femme qui gémit fous l'op-
preffion , on s'empreffe de la
fecourir. Sa demande , renfer-
mée jufques ici dans le fecret
d'un confeil , paroît bien-tôt à
la face des Tribunaux , &
éclatte aux yeux du public.
Dans peu cette femme malheu-
reufe éprouve les calomnies,
les injures d'un mari ; mais ,
retirée à l'ombre de fon inno-
cence, elle attend avec confiance la décifion d'une jufte
féparation ; il arrive même
quelquefois que cette femme,

dont le bien eft diffipé , qui
fe voit, elle & fa propre famille fur le bord du précipice,
plongée de fait dans une af-
freufe indigence, méprifée &
calomniée par le mari qui lui
a enlevé fon bien & fon patrimoine, eft non-feulement
obligée de retourner avec ce
même mari , la caufe de fa
douleur; mais encore, quoique
le défordre foit conftant, qu'u-
ne cruelle indigence dévore le
mari & la famille entiere, elle
eft contrainte de fe perfuader
que fon bien perdu, & perdu
fans reffource , fubfifte en entier, & qu'une vaine illufion a
féduit fon imagination.

Qui a donc donné lieu à cette erreur ? Il faut des hypothéques à la sureté de la dot d'une femme ; le mari à leur défaut présente du mobilier, des acquisitions frauduleuses , des sommes imaginaires ou empruntées pour un nouvel art de fraudes , des actions , des créances , tous effets qui périssent entre ses mains ; la femme est contrainte de se contenter de ces objets : le mari rentre dans les droits de chef de la communauté ; ce mobilier, ces acquisitions, ces sommes, ces emprunts, ces actions, ces créances disparoissent ; le mari meurt , le voile fe leve, la fortune de la femme & le patrimoine des enfans font anéantis.

Tel paroît être cependant le cours du préjugé actuel qui eft, dit-on, fondé fur l'autorité d'un mari qui ne peut fouffrir d'altération; autorité qui lui donne droit de puiffance fur les biens de fa femme, au point de l'obliger d'accepter tout ce que bon lui femble, pour l'objet de fes remplois, à défaut de fa dot évanouie; fans que cette femme ait la liberté de la difcuffion; parce qu'il eft de principe avoué qu'un mari n'eft pas obligé d'apporter identique

ment les biens qui compo-
foient la dot de fa femme.

Ces erreurs fi contraires au
véritable efprit de la Jurifprudence, qui n'admet pour objets de remplois que des hypothéques fûres, claires & liquides, & non des actions perfonnelles ou mobiliaires ; qui
exige, non pas à la vérité un
remploi identique, mais un
remploi fûr, & dont le mari,
comme chef de la communauté, ne puiffe plus difpofer à
fon gré. Ces erreurs certaines
ont engagé l'Auteur à déve-
lopper le fens véritable de la
loi des féparations de biens :
cette loi bien examinée détruit

totalement cette prévention.

A la vérité cette foule d'erreurs à combattre , ce cercle
de préjugés à anéantir , cette
variété dans les opinions , ont
effrayé l'Auteur. La ſtérilité
ſur cette matiere , que perſon-
ne juſqu'ici n'a traité ; *ex pro-
feſſo* , lui a fait craindre de mettre au jour un ſentiment , qui
dans la diſcuſſion d'une queſtion nouvellement traitée , tînt
plus de la ſingularité que de
l'utilité ; auſſi l'Auteur a ſou-
mis ſes lumieres à ces grands
Magiſtrats qui décident à juſte
titre des régles & du ſens des
loix ; ces grands hommes ſont
convaincus des principes , &
que le ſens de la loi des ſépara-

tions dont eſt queſtion, eſt
exactement celui que l'Auteur
a répandu dans ſes Eſſais. Comment donc la Juriſprudence
pourroit-elle y être contraire ?
La déciſion dépend des circonſtances, replique l'homme
dominé par ſon préjugé ; cela
eſt vrai : mais ces circonſtances ne ſont-elles pas pouſſées
ſi loin qu'elles écartent le ſens
de la loi ? Voilà la difficulté.
C'eſt gêner, dit-on, le lien
conjugal ; c'eſt mettre la puiſſance du mari dans les fers ;
c'eſt confondre les droits de
l'un & de l'autre des Conjoints ;
c'eſt enfin donner trop d'autorité à une femme : de nouvelles préventions, comme on
voit,

voit, viennent toujours au fecours de la premiere. L'Auteur croit avoir réuſſi à en démontrer le faux.

Ces graves & reſpectables
Magiſtrats n'ont nullement
été arrêtés par ces conſidéra-
tions ; le bon ordre, l'équité,
la bonne foi dûe aux Contrats
de mariage, leur a parû mériter un Traité particulier. La
fureté des biens d'une femme,
enlevés de fes mains par la féduction ou par la violence ;
les enfans tombés dans l'indigence ; une famille entiere
privée de fes droits les plus
certains, ont parû à la prudence de ces grands hommes
une matiere trop grave pour

Tom. I. b

ne pas mériter l'attention de
tout esprit senſé ; ils ont voulu
même que l'Auteur pouſſât ſon
zéle juſqu'à découvrir la ſource
de tant de maux qui inondent
l'Etat, en mettant au jour les
fraudes les plus uſitées des maris diſſipateurs : mais à quoi
auroit abouti la découverte
d'un mal ſi général, ſi l'on n'y
eût apporté un remede efficace
ou qui pût le prévenir? Heureux
l'Auteur, s'il a rempli les vûes
de ces profonds & équitables
Magiſtrats, & qu'il puiſſe être
utile à ceux ſous leſquels ces
Eſſais pourront tomber.

On ne prétend point ériger
en loi toutes ces eſpéces de
clauſes ſur les Contrats de

mariage que l'on a inféré à ce
fujet dans le cours de ce Traité ; on les laiffe à la prudence
de chaque particulier. Ces
claufes qu'un Contrat de mariage peut recevoir fur le défaut ou la limitation d'une
communauté , quoique nou-
velles , n'en font pas moins
conformes à la nature de ces
Traités facrés qui font par eux-
mêmes fufceptibles de toutes
conventions qui tendent au
bien & à l'avantage des Conjoints & des Sujets de l'Etat :
combien de remedes utiles à la
fanté ont-ils fouffert de contra-
diction dans les tems de leurs
premieres épreuves ? Combien
de Plantes falutaires dont on

reconnoît depuis peu l'utilité, ont-elles excité des contesta-tions dans l'origine de leur dé-couvertes ?

Ce n'est donc point la nou-veauté des remedes qu'il faut envisager, mais leur bonté & leur salubrité ; il en sera de même des nouvelles clauses que l'on propose pour préve-nir les abus qu'un mari peut faire sur le fondement de sa propre autorité & de la dépen-dance d'une femme.

Ces deux titres relatifs entre Conjoints, & que l'on ne peut contester en les réduisant dans leurs vrais principes, ont for-mé jusqu'ici le point de diffi-culté dans les décisions des demandes en féparation de cette nature ; parce que les différentes opinions ont étendu ces titres au-delà de leurs bornes : l'expérience cependant a dû apprendre qu'une diffolution de communauté n'altéroit pas davantage la dépendance d'une femme & la puiffance du mari, qu'un défaut de communauté conftaté dans un Contrat de mariage : cette dépendance de la femme, quant à fes biens, ne touche en rien ni au mariage, ni aux effets extérieurs de cette union. L'expérience nous apprend auffi, dit-on, qu'un mari féparé de fa femme, quant aux biens, fouffre une efpece d'ou-

trage de la part de fa femme,
& que pouffé par la paffion de
la vengeance, il altere prefque
toujours l'objet de l'union conjugale ; cela peut être :. mais
cette altération eft bien oppo-
fée à l'efprit de la loi ; elle eft
uniquement l'objet du caprice
& de la paffion de l'homme.
Un homme puni eft féparé de
la fociété ; & pour ne point
altérer cette fociété, faut-il
rendre les actions de ce même
homme impunies? fauffe con-
féquence.

Il eft effentiel de prévenir
ici une difficulté que l'on a
oppofé & qui paroît mériter
attention.

Cette difficulté confifte à

mettre dans la même claſſe un
mari diſſipateur , & un mari
qui ſe feroit ſervi du bien de
ſa femme pour l'arrangement
de ſa fortune & l'avantage de
ſa communauté : un mari diſſipateur & un mari qui auroit
échangé le bien de ſa femme ,
& l'auroit remployé en d'autres acquiſitions : un mari diſſipateur enfin,& un mari qui par
des malheurs inopinés , auroit
vû fondre ſa fortune & celle de
ſa femme.

L'Auteur, pour prévenir cette confuſion d'idées , annonce
qu'il n'a pour but dans ce
Traité qu'un mari diſſipateur ,
un mari qui joint la fraude à
ſes diſſipations , & enfin un

mari dont le mépris formel
pour une femme, insulte par ses
calomnies & par des traits en
core plus odieux à cette même
femme, sur le point d'une ruine
que lui-même a causé ; quant
aux maris que l'on a voulu
confondre avec ceux-ci, leur
conduite ne porte jamais l'empreinte d'un tel caractère ;
mais toujours celle de l'économie & de la tendresse. De tels
maris ne sont jamais susvepti-
bles du moindre reproche, &
jamais aussi on n'a vû leurs femmes porter d'aussi injustes plaintes. Enfin pour rassurer les es-
prits à ce sujet, l'Auteur annonce pour une seconde fois,
qu'il n'a en vûe que les dissipations.

pation réelles, & les diffipations frauduleufes.

A cette difficulté on peut
en joindre une feconde. Un
mari, dit-on, n'eft pas tenu de
donner en remplois, identiquement les mêmes biens que cette femme lui a apporté en dot.
Ce fait eft certain : mais il eft
de la même certitude qu'un
mari eft tenu d'apporter en
remploi tous objets hypothécaires, placés avec fûreté & fans
fraude : il eft de la même certitude encore que ni le mobilier, ni les actions, ni les fommes de deniers ne peuvent fervir & tenir lieu de remploi,
parce que le mari en reftant

Tom. I.   c

toujours le maître, comme chef
de la communauté, dont ces objets font partie, peut en difpofer à fon gré. Penfer le contraire ; c'eft une erreur manifefte,
que l'Auteur développe avec
étendue.

De ces difficultés réfolues
on en fait naître deux autres ;
il eft même difficile d'épuifer
les queftions des maris à ce
fujet : celles-ci ne méritent pas
une grande attention, cependant l'Auteur a cru devoir y
répondre pour ne rien laiffer à
défirer.

L'Auteur, dit-on, par le
fentiment qu'il infinue, enga-
geroit une femme au premier

inftant de caprice , à faire rendre compte à fon mari. Nullement. Que le mari fe raffure! 1°. Le fentiment de l'Auteur eft celui de la loi , & non le fien propre. 2°. Une femme pour être admife à fa demande , doit prouver l'indigence de fon mari : jufqu'à cette preuve le mari n'a point de compte à rendre : or , la preuve qu'une femme apporte de cette indigence , fe tire ou de la diffipation de la fortune du mari, ou de la diffipation des deniers dotaux de la femme elle - même ; ceci eft clair : donc , dans tous les cas où l'un des deux événemens fera prouvé , l'objet de cette demande fera rempli.

Voici une feconde difficulté ; la queftion des féparations
de biens, dit-on, eft une queftion d'état ; on ne peut trop
gêner les femmes dans ces fortes de demandes. Si la queftion
des féparations de biens eft
une queftion d'état, la queftion de la confervation de la
dot d'une femme eft à plus
forte raifon une queftion d'é-
tat ; d'où il faudroit conclure,
qu'on ne peut trop gêner les
hommes dans l'abus qu'ils font
des biens dont ils ne font que
les dépofitaires à tous égards.
Quoiqu'on penfe que cette objection n'ait jamais pû être

férieufement faite, l'Auteur cependant y a répondu.

Il y a eu d'habiles Jurifcon-
fultes qui ont étendu la fureté
des biens d'une femme jufqu'à
fon douaire ; cette extenfion a
parû fi ridicule aux maris, que
l'on a attribué cette queftion,
plutôt au zéle de l'Avocat, qu'à
la force de la loi.

L'Auteur n'eft point entré ici
dans cette queftion ; il l'a renfermé dans un Traité particulier fur le Douaire, dans lequel il
démontre que cette critique eft
peu fondée, & que la force de
la loi a plus de part à la défenfe
de l'Avocat, que la prétendue
indifcrétion de fon zéle : cette

diſcuſſion d'ailleurs dépend d'une étendue de connoiſſance de principes différens de ceux que préſente la queſtion ſur les ſéparations de biens.

L'Auteur ne s'eſt pas contenté d'entrer dans l'eſprit de la loi des ſéparations de biens; jaloux du bon ordre de la ſociété & de l'union conjugale, dont l'infraction eſt la premiere origine des troubles d'un mari; il a fait enviſager les devoirs indiſpenſables qui le conſervent. Il a démontré que ces devoirs formant les clauſes eſſentielles de ce Traité; l'execution inviolable de ces devoirs annonceroit le moment

du vrai bonheur de cette même
société conjugale, ou les Conjoints se réunissant par les forces de l'amour & de la tendresse, coopéreront à la splen-
deur de l'Etat, à l'union des fa-
milles, & au régne de la paix
& de la tranquillité.

c iiij

TABLE
DES CHAPITRES
CONTENUS EN CE PREMIER VOLUME.

PREMIERE PARTIE.

SECONDE PARTIE.

ESSAIS

ESSAIS

DE

JURISPRUDENCE

SUR LA SÉPARATION DE BIENS

ENTRE CONJOINTS.

PREMIERE PARTIE.

ON eſt toujours ſurpris du peu d'uniformité qui régne dans les ſentimens qui décident ordinaire- ment des demandes en ſéparation de biens entre mari & femme : rien juſques ici n'a parû certain, ſoit pour aſſeoir un conſeil, ſoit pour diſcuter avec une exacte connoiſſance ces ſortes de queſtions, ſi ſouvent préſentées. On ſe forme ſans ceſſe des raiſons de douter de quelque côté que l'on veuille pencher ; l'on craint de diminuer l'autorité d'un mari qui abuſe viſiblement de ſes droits : on redoute l'indépendance d'une femme , malgré les liens qui la retiennent toujours inſéparablement attachée à ſon mari.

La tendreſſe & l'eſtime d'une femme , ſeules qualités précieuſes à un mari, ſe forment-elles jamais au centre d'une autorité dominante? Un mari qui préfère la voie de la contrainte & de la ſévérité à l'amour du lien conjugal, eſt-il bien propre à s'attirer la confiance d'une femme qui gémit ſous le poids de ſes liens? Un mari d'un autre côté doit-il être le complaiſant d'une femme licencieuſe ? l'adulateur de ſon ambition? l'adorateur de ſes caprices? l'eſclave enfin de fes dépenfes & de fon fafte? L'un & l'autre font également préjudiciables au bon ordre & à la fociété.

L'autorité du mari & la dépendance d'une femme font des principes qui ne peuvent fe révoquer en doute. L'Etre fuprême en a dicté l'ordre : perfonne ne peut donc fe les diffimuler : mais plus l'autorité du mari eft grande & facrée, plus il doit en ménager les avantages avec prudence & avec juftice ; le moindre écart de fa part eft un attentat contre fes véritables droits. L'autorité du mari ne fut jamais une domination tyrannique, ni la dépendance d'une femme un efclavage fervil : ce font deux actes que le feul amour de l'un envers l'autre doit dicter. La loi primitive de l'indiffolubilité des liens du mariage a renfermé l'un & l'autre dans cet amour mutuel. Le fouverain Légiflateur a

donné au mari pour exemple de
son autorité, celle qu'il a sur son
Eglise, & à la femme pour exemple de sa dépendance, la libre &
sainte obéissance que l'amour de
l'Eglise ne cesse de lui porter :
c'est dans ce sens que le grand
Apôtre ordonne aux hommes :
Maris, aimez vos femmes; & aux
femmes, *obéissez à vos maris*. Qui
peut douter que l'autorité du mari & la dépendance d'une femme
ne tirent leur origine de cette loi?

L'inconstance du cœur humain
a donné lieu a resserrer ces nœuds
dans les bornes étroites des Loix
Ecrites, pour ne pas exposer l'é-
tat du mariage aux caprices de
son indétermination ; mais ces
loix n'ont jamais pû changer la
nature de l'autorité du mari ; &
quand même l'indissolubilité du
mariage ne seroit pas aussi fortement établie qu'elle l'est, il faudroit toujours un état certain dans
la société, auquel cette séparation

ne peut jamais donner la moindre atteinte. Les féparations de corps peuvent altérer quelques circonſtances extérieures de cet état, ſans rien changer à l'état ; auſſi cette autre ſorte de féparation exige-t'elle une exacte prudence dans ſa décifion ; elle eſt toujours accompagnée de tant de circonſtances, qu'il n'eſt pas étonnant que la Juriſprudence ſemble même varier ſi fréquemment.

La demande en féparation de biens eſt d'une autre nature ; non-ſeulement cette demande ne touche point à l'état du mariage, mais encore n'altere aucune circonſtance extérieure du mariage : c'eſt même cette différence ſenſible qui prouve combien eſt juſte l'excès de ſupriſe dont on eſt ſaiſi, lorſque l'on traite de queſtion d'état, une demande en féparation de biens. Cette demande n'a pour objet que quelques

textes de Coutumes ou quelques
clauſes d'un Contrat de mariage
qui ſont des loix ou engagemens
purement acceſſoires à un Contrat de mariage, & non relatives
à l'état du mariage, qui ſubſiſte
& doit ſubſiſter ſans elles. En
effet, qu'il y ait communauté de
biens entre les Conjoints, ou qu'il
n'y en ait pas; que cette communauté ſoit diſſolue conſtant le
mariage, ou qu'elle ſubſiſte; que
la femme ait le pouvoir de régir
ſes biens, d'en recevoir les revenus & d'en diſpoſer; ou que cette adminiſtration ſoit laiſſée ou
ſouſtraite à la puiſſance du mari;
cela eſt fort peu important à l'é-
tat du mariage: au contraire même; à remonter à l'origine de
cette premiere union; à conſulter
nos Coutumes qui en repréſen-
tent mieux l'eſprit, on ne peut
trouver aucun moyen qui puiſſe
autoriſer la puiſſance du mari
ſur les biens d'une femme, puiſ-

qu'une femme n'apporte jamais de droit aucun bien dans l'union conjugale. Cette puiffance que nos Coutumes autorifent dans nos Contrats de mariage, à caufe de l'habileté des filles dans les fucceffions, habileté qui prend fa fource dans Rome opulente fous les Conftitutions de fes Empereurs, & que jamais Rome ancienne n'auroit admife, eft donc non-feulement étrangere à la puiffance ou autorité primitive du mari, mais encore peu convenable, on ofe le dire, à fa dignité; puifque dans ce cas, l'efprit de cupidité femble former tout le reffort de cette autorité acceffoire.

Dans nos Coutumes, on ne peut difconvenir qu'une femme, de libre qu'elle étoit dans la jouiffance de fes biens, entre dans une efpece d'efclavage, ou, pour s'exprimer fuivant la décence de

A iiij

nos mœurs , dans l'ordre d'une
tutelle & d'une dépendance réelle , que jamais l'état du mariage
n'a exigé , n'ayant eu en vûe que
la perfonne & non les biens d'u-
ne femme , qui dans l'ordre pri-
mitif n'eft jamais obligée d'en apporter , & qui doit tout tenir de
la main de fon mari.

La demande en féparation de
biens ne rompt que les liens de
cette dépendance à l'égard des
biens , & remet le mari au titre
de la premiere inftitution de fon
autorité. Cette féparation ne rend
pas à la femme fa premiere liberté ; elle ne peut encore difpofer de fes fonds fans l'autorité
de fon mari ; elle eft feulement
rangée dans la claffe d'un éman-
cipé. Le mari ne perd rien de
fes droits originaires : de Chef à
cet égard, il devient fon confeil
néceffaire ; état plus convenable
& plus décent au titre de mari ,

qu'une prétendue autorité fur des biens dont il n'eft que l'économe & le dépofitaire.

Etant évident qu'une demande de la part d'une femme en féparation de biens n'eft point une queftion d'état, il eft néceffaire de faire voir la nature de cette action.

CHAPITRE PREMIER.

De quelle nature eſt l'action en Séparation de Biens.

UNE demande en ſépara-
tion de biens eſt une action
ordinaire qui eſt perſonnelle,
réelle & mixte. Cette action eſt
perſonnelle en ce qu'une femme agit contre ſon mari en diſſolution de communauté, pour lui
enlever le droit de régir ſes biens
& le priver du revenu qu'il en
retiroit. Cette action eſt réelle,
parce que l'action perſonnelle eſt
toujours accompagnée de demandes en reſtitution d'hypothéques,
pour ſureté de la dot, & même
en reſtitution de dot aliénée : enfin cette action eſt mixte, en ce
qu'une femme agit toujours &
comme propriétaire & comme
créanciere, & qu'ordinairement
les deux qualités de demandeur

& de défendeur font réunies dans
le mari & dans la femme.

Cette définition de l'action en
féparation de biens explique feule les motifs qui entrent en confidération dans cette demande : la
diffolution de la communauté ;
le remploi des hypothéques apportées par le mari pour fureté
de la dot d'une femme ; la refti-
tution de la dot d'une femme,
diffipée par le mari : & enfin la
liberté à la femme de régir, toucher, jouir & difpofer avec pleine liberté de fes revenus & droits
mobiliers.

Cette demande de la part d'u-
ne femme ne doit pas être arbitraire & fans fondement : la loi
qui lui a ravi fa liberté par le
mariage, ne lui a rien ôté que de
fon pur mouvement & de fon
propre confentement ; la femme
ne peut donc brifer fes liens fans
de légitimes raifons qui puiffent
engager cette même loi à la fecourir.

CHAPITRE II.

Des raisons légitimes pour former une demande en Séparation de Biens.

LE point de vûe des sépara-tions de quelque nature qu'el-les soient, est toujours un point de vûe bien déplorable ; c'est une suite des passions qui naissent avec tous les hommes. La loi ar-rête la main ; la Religion mode-re les effets ; mais Dieu seul par-le au cœur : ainsi quelqu'idée que l'on puisse se former de l'es-péce de scandale que nous don-nent ces sortes de demandes ; il faut toujours en revenir à ren-dre justice à la femme qui a droit de se plaindre, & à punir le ma-ri, par qui le scandale arrive.

Pour entrer avec ordre dans l'explication des raisons légitimes qui doivent porter une femme à former son action en séparation

de biens contre fon mari, il faut
examiner les devoirs d'un mari
envers fa femme : par ces devoirs
on n'entend que ceux qui ont
rapport à la queftion préfente ;
c'eft-à-dire, les devoirs d'un mari dans la régie & adminiftration & de fes biens, & de ceux
d'une femme.

Le premier devoir d'un mari
eft la probité ; l'apport qu'il fait
de fes biens dans fon Contrat de
mariage doit être exact, exempt
de fraudes, de dol, & de toute fu-
percherie : cet apport fonde la foi
& la confiance de l'abandonne-
ment qu'une femme fait, & d'elle-même, & de toute fa fortune ;
c'eft fur ce tableau qu'une femme fe livre, pour ainfi dire, entre les bras du mari, qu'elle lui
dépofe fa liberté, qu'elle forme
enfin avec lui un traité irrévoca-
ble, qui n'auroit ou jamais exif-
té, ou auroit été différemment
contracté, fi les chofes euffent

été autrement : c'eſt ſur ce fondement enfin que le mariage a
été conclu, que l'autorité du mari & la dépendance de la femme
ont été établies entre eux. Si par
événement les biens déclarés par
un mari, ou ne ſont point à lui,
ou ſont les hypothéques de créanciers antérieurs ; qui peut douter
que le dol & la fraude, mani-
feſtement découverts, n'emportent la peiné d'une juſte ſéparation de biens? La loi ne peut jamais favoriſer le dol ou la fraude. Rien de ſi commun que de
voir des hommes ennemis de toute mauvaiſe foi faire plier la loi
pour autoriſer de pareilles fraudes de la part d'un mari. *Un bon
mariage paye tout*, dit le prover-
be. L'un ſe pare d'un vain titre ;
l'autre de biens chimériques ; &
les uns & les autres entraînent
dans un funeſte précipice les biens
& les eſpérances d'une femme,
& le patrimoine de leurs enfans.

Une femme de bonne foi, au fein de la douleur, n'aura-t'elle aucune reffource? La loi fera-t'elle fourde à fes cris, & impuiffante a la protéger?

Le fecond devoir d'un mari eft la prudence dans fon adminiftration; il n'eft que l'œconome de fes propres biens, qui fervent de fureté & d'hypothéques à ceux de la femme; il n'eft que l'œconome de ceux de cette même femme, dont la propriété lui eft interdite: s'il diffipe fes propres biens, il eft infidéle; s'il diffipe ceux de fa femme, il eft prévaricateur. Ce font toutes ces raifons qui militent en faveur de la demande en féparation; parce que la loi ordonne au mari d'ufer des uns & des autres en bon pere de famille, & ne peut jamais favorifer un infidéle œconome, ni un prévaricateur.

Un troifiéme devoir de la part du mari eft une conduite fage,

des lumieres fuffifantes pour fe
conduire dans les différentes entreprifes que l'efprit de fon état
lui fuggere, dans le maniement
des affaires que la Providence lui
procure, & fur-tout dans une mutuelle correfpondance avec la femme qu'il s'eft choifi. Il y a des
événemens fâcheux qui arrivent
dans le cours ordinaire de la vie,
que toute la prudence, la fageffe, & les lumieres des hommes
ne peuvent parer; quand, dans
de telles circonftances une mutuelle correfpondance marche
d'un pas égal, il eft rare qu'une
femme fe porte à l'extrémité d'u-
ne demande en féparation : fi cela arrive cependant ; c'eft un
fonds en réferve que la femme
offre à un mari que le malheur
imprévû a réduit à la cruelle néceffité de fe priver de fon propre bien : pour lors c'eft plutôt
un fecours mutuel que la loi offre
au mari dans le cœur d'une femme,

me , qu'une véritable action en
féparation de biens : les créanciers d'un mari n'ayant point
contractés avec la femme, n'ont
aucun droit de fe plaindre d'une
telle féparation : mais lorfque ce
mari aura agi en maître & en
fouverain ; que pouffé par la
paffion de la cupidité il aura en-
trainé dans une perte réelle & les
biens de fa femme & les fiens
propres ; qu'il fe fera privé par
fon ton d'autorité de ce fecours
réciproque qu'une mutuelle correfpondance fçait s'acquérir en fe
rendant aux juftes repréfenta-
tions d'une femme allarmée, & à
la douleur des enfans qui périf-
fent par fa propre diffipation ;
alors , l'état déplorable d'une
femme doit l'emporter, & les événemens fàcheux dont le mari
couvre le défordre de fes affaires,
font un furcroît de preuves favorables à la femme.

Un mari eft donc moins le

maître de fa femme & de fes biens, que le tuteur & l'admi-niftrateur; & le titre de maître dont il aime à parer fon amour propre n'eft dans le fonds qu'u-ne dépendance réelle. Un mari eft le chef de la fociété qu'il a contracté par le mariage : tout chef doit veiller plus particulié-rement à l'intérêt de la fociété ; il doit régir & gouverner avec fageffe & avec prudence ; il eft enfin comptable de fes actions envers la fociété.

La loi ayant donc foumis à ce titre les biens de la femme, a rendu le traité du Contrat de ma-riage conditionnel ; elle n'a don-né l'autorité au mari fur cette ré-gie qu'à la charge d'en ufer en bon pere de famille ; le mari qui s'écarte de la condition, perd à jufte titre fon droit & fon au-torité. Bien loin donc que l'ac-tion en féparation de biens, fon-dée fur de légitimes moyens,

foit, comme quelques-uns pen-
fent, un attentat contre la foi
conjugale, un deshonneur contre
la femme; c'eft au contraire une
jufte répétition du droit conditionnel qu'elle s'eft réfervée par
fon traité; fon filence à cet égard
feroit un filence criminel, & envers elle, & envers fa propre
famille.

En partant de ces principes
naturels, il eft facile d'établir à
préfent la légitimité des raifons
qu'une femme doit apporter pour
fondement de fa demande en féparation. Ces raifons font fondées fur la loi: elles font de deux
fortes, les unes font relatives au
mari, les autres relatives à la
femme.

Les premieres relatives au mari fe trouvent au *dig. loi* 24. *de
folut. Matrim. Si maritus vergit ad
inopiam, conftante matrimonio, mulier fibi profpicere poteft dotem re-
petendo.*

Les fecondes relatives à la femme, fe tirent de la *Loi 25. au Cod. de Jur. Dot. Si evidentiſſimè appareat mariti facultates ad dotis exactionem non ſufficere.*

Ces deux Loix font diftinctes entre elles , & expliqueés dans leur véritable fens, elles ne recevront plus par la fuite ni l'équivoque , ni la confufion qu'elles ont eües jufqu'à préfent , parce qu'on n'en a pas fenti toute l'énergie.

Il eft donc queftion de démontrer que la premiere de ces Loix forme un légitime fondement à la demande en féparation de biens , & que la feconde eft ou une preuve de cette premiere , ou une nouvelle fource de moïens en faveur de la femme , quand elle fe trouve dans le cas malheureux d'en faire ufage ; c'eft ce que l'on fe propofe de prouver dans les Chapitres fuivans.

CHAPITRE III.

L'indigence dans laquelle un mari tombe constant le mariage , est un moyen sûr pour opérer l'effet d'une Demande en Séparation.

DANS l'origine des mariages, il n'étoit nullement question des clauses contractuelles ; le mari obligé de nourrir & d'entretenir sa femme, ne recevoit d'elle que quelques légers présens ; dans ces tems l'homme ne contractoit aucun engagement qui ne fût à sa charge. Les anciens Romains, nos premiers Législateurs, ne donnoient à leurs filles que de pareils présens ; l'homme devoit tout tirer de son propre fonds. Nos anciens Gaulois ne reconnoissoient d'autre dot à une femme que le douaire que le mari lui constituoit : cette constitution se faisoit publiquement à

la face des Prêtres ; maxime re-
tenue parmi nous fous le figne
d'une piéce d'or ou d'argent dont
le mari fait préfent à la femme
aux pieds des Autels : *dotem non
uxor marito fed uxori maritus offert.
Tacitus de moribus germanorum*. Maxime qui a encore rapport au
douaire qui eft l'ufufruit de la
femme & le propre des enfans,
que le mari eft obligé d'affurer
fur fon propre bien en faveur
des uns & des autres. Dès que
l'indigence du mari paroiffoit
avec éclat, il étoit libre à la femme de retirer cette dot, qui lui
étant acquife fur les biens du mari fe trouvoit en péril, le mari
n'étant plus dans le cas de lui
donner l'entretien auquel il s'engageoit par fon union ; cette obligation du mari eft comprife dans
l'étendue qu'elle exige dans le
traité du douaire fur la queftion
que je me propofe à ce fujet. Plufieurs Coutumes ont confervés

cette premiere inftitution ; les Coutumes feules d'égalité ou en prefque égalité, ont engendrés ces malheureufes fources d'où naiffent les fréquentes demandes de féparation, & ont produit cette diftinction de deux loix qui femblent être uniformes.

Ces loix étoient juftes ; le mari obligé de nourrir & d'entretenir la femme qu'il prenoit, devoit ceffer de la retenir dès qu'il ne le pouvoit plus. Ses obligations étoient plus étenduës ; il devoit encore pourvoir à fa fubfiftance , & la mettre en fituation , elle & fes enfans, de foutenir l'état & l'éclat de fa maifon ; ce défaut donnoit lieu à la féparation dès que de fon vivant il tomboit dans l'impuiffance de fubvenir à tous ces devoirs ; ce qui faifoit qu'autrefois dans l'indigence du mari qui donnoit lieu à la féparation, on donnoit à la femme une portion des biens de ce mari, ce que l'on appelloit demi-douaire, & que d'Argentré explique ainfi dans fon Commentaire fur la Coutume de Bretagne, art. 493.

Cùm feparatio bonorum fit ex culpâ mariti ; ex quo accidit ut maritus definat uxorem alere, tunc aut doarium folvendum & repetendum eft, aut mulier de bonis viri alenda.

Un mari eft-il d'une condition plus favorable dès qu'il contracte dans nos Coutumes ; & parce que la femme apporte ordinairement une égalité de biens, la puiffance que l'on donne au mari l'engage-t'elle à violer ces loix principales, jufqu'au point de tomber dans l'indigence en diffipant fes propres biens & ceux de fa femme ?

Le mari dans la loi primitive & fous les Coutumes qui n'accordent aucune dot réelle, ne peut fecouer le joug de la loi de la féparation, parce qu'il ne peut plus dans fon indigence nourrir

&

& entretenir cette même femme
que la nature & la loi lui ont confiés à ces conditions essentielles.
Les Coutumes d'égalité ou de
presqu'égalité ont eû le même
esprit : afin qu'un mari n'abusât
pas de sa prétendue autorité sur
les biens d'une femme, on a rendu ses propres biens affectés &
hypothéqués à ceux de la femme ; ce qui a fait décider que les
biens d'une femme n'étoient qu'un
soulagement au mari, & non une
propriété qui lui étoit accordée.

En effet, dans nos Coutumes
la femme confie ses biens à un
mari sous les hypothéques des
siens, & lui en abandonne le revenu pour fournir à l'égalité des
dépenses ; d'où il résulte qu'une
pareille égalité, en donnant atteinte à l'autorité du mari, l'a rendu
comptable envers sa propre femme : de seul maître qu'il étoit, il
est devenu dépendant ; & libre
de disposer des revenus , il est

Tom. I. Part. I.   C

responsable des fonds : ses biens leur sont hypotéqués, il est donc injuste envers sa femme quand il la prive de ces mêmes hypothéques en dissipant ses propres fonds ; nos Coutumes donnent au mari dans l'apport d'une femme un soulagement dont il ne peut se priver qu'au détriment de la bonne foi avec laquelle la femme a contracté.

Que devient un mari, qui dans ces Coutumes d'égalité, ou dans celle de Paris, tombe dans l'indigence constant le mariage ; il se met hors d'état de supporter les charges du mariage dont il est le chef, & prive les droits de sa femme de ses hypothéques légitimes, sans lesquelles elle n'auroit point contracté, ou auroit contracté différemment.

Les biens des Conjoints ne sont apportés en mariage dans ces Coutumes, que pour soutenir par leurs revenus la charge du ménage, l'éducation des enfans; les biens du mari servent de sureté à ceux de la femme; & pour conserver cette premiere antiquité de l'union contractuelle, les biens du mari doivent répondre de la fortune de la femme, qui est le propre patrimoine des enfans : l'indigence du mari le mettant hors d'état de subvenir, au moins pour sa moitié aux frais de communauté, & les dépenses générales de ce menage ne pouvant s'interrompre sans annoncer la dissipation du mari, la décadence de son état, & de celui de sa femme; il faut de toute nécessité que toute la charge tombe sur la femme; cela étant, il est à craindre que par la suite elle ne se trouve privée elle-même de tous ses biens, & ses enfans de leur patrimoine; aussi pour obvier à cette crainte si bien fondée, la loi lui accorde le secours de la séparation.

C ij

En effet, fi la voie de la féparation (*a*) avoit lieu dans ces
tems de la primitive inftitution
de l'union contraƈuelle , & fi
elle a encore lieu dans les Coutumes où le mari prend une femme fans dot & fans efpérance ,
lorfque le mari tombe dans l'indigence ; à combien plus forte
raifon , cette loi aura-t'elle lieu
dans le cas où la femme appor-
tant un fonds qui puiffe aider à
l'obligation du ménage, fe trouve
fur le point d'en être dépouillée
par cette même indigence?

Les biens du mari font fpécia-

(*a*) Cette féparation dont on parle ici ,
étoit une féparation de corps , parce que la
femme n'apportoit aucun bien , ou une féparation telle que celle dont l'on parle ; parce
que , fuivant d'Argentré que l'on a cité plus
haut, le mari étoit obligé de donner à fa femme dequoi fe nourrir & s'entretenir; fentiment
que nos mœurs ont adoptés par l'obligation que l'on impofoit au mari de donner à fa
femme le demi-douaire , dont le défaut emporte néceffairement la féparation de corps ,
le mari ne pouvant plus nourrir & entretenir
fa femme,

lement affectés à la dot de la femme. Le Contrat de mariage, la Loi & les Coutumes leurs imposent cette obligation ; le mari n'a que la jouiſſance des biens d'une femme, & ne peut difpofer d'aucuns : le mari n'a fur ces biens que *Dominium, ut aiunt, periturum, non verò incommutabile ;* cette jouiſſance de la part d'un mari eſt comparée par nos Coutumes au titre de Bail ou de Gardien, à peu près femblable à la qualité des peres & meres qui ont acceptés la garde-noble ou bourgeoife de leurs enfans. Le mari tombé dans l'indigence, fait perdre à fa femme fes droits & fes hypothéques; dans cet état il ne lui reſte aucune fureté pour fa dot ; le mari ainfi tombé, eſt contrevenu formellement à la Loi, au Contrat & à la bonne foi, fous lefquelles la femme a contracté : le mari ne pouvant plus fatisfaire à la condition de fon traité, fon autorité doit ceſſer

C iij

fur les biens de la femme ; parce que fa propre indigence le rend incapable de l'exécution de ce même traité.

Tout le monde convient que le péril des fonds dotaux d'une femme fuffit pour opérer l'effet d'une demande en féparation ; mais on ne convient point également de la nature du péril; on s'en forme une idée équivalente à la perte : cette idée ainfi conçue , forme une erreur monf-trueufe en ce fait ; on veut qu'u-ne femme prouve la diffipation de fa dot en tout , ou en partie confidérable ; ce fentiment fait évanouir le texte de la loi, qui ne demande que la preuve du péril de la dot, par la preuve de l'in-digence du mari ; car ce qui eft perdu & diffipé , n'eft plus en péril ; fon état eft décidé, parce que fa perte eft certaine ; fi en effet la femme fe trouve chargée de tout le poids d'un ménage , pendant que ſes revenus ne ſont que pour une moitié, on ne peut douter du péril des fonds dotaux, puiſque la totalité du ménage étant abſolument à la charge de la femme, il faut de toute né-ceſſité toucher à ſes fonds : ſi toutes les hypothéques de la fem-me ſont péries par l'indigence du mari, la dot de la femme eſt donc en péril puiſqu'elle eſt dénuée du ſoutien qui a formé ſa confiance, ſous la protection de la loi & de ſon Contrat. Un édifice ſoute-nu, réſiſte aux événemens & n'eſt point en péril ; qu'on lui ôte ſon ſoutien, attendra-t'on qu'il ſoit ruiné en tout ou en partie pour prouver le péril qu'il court? Un ſentiment pareil ſeroit abſurde : il en eſt de même du péril que court la dot d'une femme entre les mains d'un mari indigent. Telle eſt donc la véritable idée que la loi veut que l'on ſe for-me du péril que court la dot

d'une femme, en ordonnant la
séparation de biens sur la seule
preuve de l'indigence du mari.
Exiger de la part d'une femme
la propre diffipation de fa dot,
en tout, ou en partie, pour prouver le péril dont fe plaint la femme, c'eft une abfurdité inconcevable ; c'eft même une inhumanité, puifque c'eft obliger une
femme à prouver des pertes réelles ; pendant que la loi la reçoit
dans fes bras en prouvant feulement l'indigence du mari, qui
lui ôtant fes furetés, met fa dot
en péril : exigera-t'on d'un mineur de prouver la diffipation
de fes biens de la part d'un tuteur tombé dans l'indigence depuis fa tutelle, pour retirer de ce
tuteur l'adminiftration du bien
du mineur ? Ne fuffit-il pas de
prouver cette indigence ? pourquoi ? C'eft que le bien du mineur eft en péril entre les mains
d'un tuteur tombé dans l'indi-

gence : la loi qui compare la puiſſance du mari dans ce fait au tuteur , & la dépendance d'une femme à celle du mineur, impoſe à l'un & à l'autre les mêmes conditions & les mêmes effets.

Il eſt donc évident que la preuve de l'indigence du mari ſuffit pour opérer la ſéparation;* que l'intention de la loi eſt telle ; que c'eſt même y contredire formellement , que d'exiger de la femme d'autres preuves.

---

* *Voyez* de Renuſſon , Traité de la Communauté , c. 9. n. 3.

CHAPITRE IV.

Un mari qui n'a plus de quoi répon-
dre de la dot d'une femme, ne
peut s'opposer à la séparation.

CETTE Loi, *Si evidentiſſimè*
appareat mariti facultates ad
*dotis exactionem non ſufficere,*eſt ſim-
ple, elle eſt rélatiue à la femme,
& lui ſert de moyens pour la
diſcuſſion que requiert la preuve de l'indigence du mari ; peut-
on, aux termes de ces deux loix,
exiger d'autres preuves de la part
d'une femme pour lui accorder
ſa demande en ſéparation ? Une
femme prouve, ſuivant la premiere loi, l'indigence du mari,
par la diſſipation des ſuretés que
les biens diſſipés du mari donnoient à ſa dot : cette loi part
naturellement de la condition du
traité ; les biens du mari ſont
des ſuretés & des hypothéques à

la dot d'une femme : dès que
l'indigence du mari fait perdre
à la femme ces mêmes furetés,
ces mêmes hypothéques ; la condition ceffe, la femme a la liberté de retirer fa dot de la puiffance d'un mari indigent ; il a
perdu fes droits en violant les
conditions fous lefquelles il a
contracté ; & ne lui reftant plus
rien qui puiffe fouftraire la dot
de la femme au péril qui la me-
nace , il faut de toute néceffité
admettre la féparation.

L'indigence du mari, fon infuffifance aux furetés de la dot d'une
femme, font donc deux moyens
évidens pour opérer la féparation. Tout autre moyen n'eft que
furabondant ; celui même de la
diffipation d'une dot, en tout, ou
en partie, n'eft nullement néceffaire ; c'eft une feconde action
qui réfulte en faveur de la femme
contre fon mari ; peut-on croire

à préfent que la confufion de ces moyens ait été la caufe du peu de conformité des fentimens fur cette matiere ? La diffipation que le mari a fait de la dot d'une femme étant non un moyen, mais une caufe aggravante du délit de diffipation.

CHAPITRE V.

De la dissipation des deniers ou fonds dotaux de la femme.

ON a vû jusques ici que la séparation de biens devoit avoir lieu dans le cas où l'indigence du mari étoit suffisamment prouvée par le défaut de suretés & d'hypothéques à la dot d'une femme; cette insuffisance mettant cette dot en péril, le péril engendre la séparation; de même que l'indigence du tuteur le prive de la tutelle, les biens du mineur étant en péril, sans sureté & sans hypothéques; de même que tout créancier est en droit de répéter sa créance par le défaut des hypothéques à lui conférées; de même que tout dépositaire doit rendre tout dépôt à lui confié sous la sureté des biens qu'il a dissipé. C'est une loi gé-

nérale qui ne fouffre aucune exception : cette indigence du mari
conftant le mariage, ne lui per-
met plus de garder la dot d'une
femme à lui confiée fous la foi
des hypothéques qu'il a lui même conftitué. Jufques ici la femme a le droit de répéter fa dot ;
c'eft-à-dire, de la retirer de la
puiffance & des mains du mari,
par le moyen de la féparation ;
voilà auffi tout l'effet d'une demande en féparation , ou pour
mieux s'exprimer, telle eft la véritable nature de la féparation de
biens. C'eft donc mal à propos
que l'on s'eft imaginé qu'il falloit
qu'une femme mît en preuve une
diffipation en tout, ou en partie
confidérable de fa dot, pour avoir
le droit de fe pourvoir en féparation. Ce fentiment fi contraire
au véritable efprit de ces fortes
de féparations, a fourni une autre erreur bien plus confidérable :
on a crû qu'il fuffifoit qu'un mari

eût équivalamment dequoi remployer la dot aliénée, fans s'em-
barraffer du péril d'une dot entre les mains du mari qui n'a plus
de furetés pour l'exiftence de
cette même dot. Cette feconde
erreur a donné lieu à une troifiéme encore plus préjudiciable ;
elle confifte à donner en remploi
de la dot aliénée tout ce qu'un
mari apporte de mobilier, de
meubles & d'actions dont il eft
le maître de difpofer, fi la féparation n'a pas lieu : un concours
d'erreurs fi formelles anéantit la
voie de la féparation, remet la
femme en pire état, donne ouverture aux avantages indirects,
& ruine fans reffource une femme & fes enfans ; c'eft ce que l'on
fe propofe de prouver dans le
dernier dégré de démonftration.

On a prouvé plus haut que
l'infuffifance des hypothéques
d'un mari pour la fureté de la dot
d'une femme, étoit l'unique rai-

son de la loi pour opérer la séparation ; cependant jusques là
la femme n'a aucune action de
créance contre son mari ; sa dot
est seulement en péril, & l'évidence de ce péril donne le droit
à la femme de la retirer des mains
du mari : au cas présent de la dissipation de cette même dot, la
femme joint à ce pouvoir de retirer sa dot des mains du mari, celui de la double action de créanciere. La dissipation que le mari
a fait au centre de son indigence
de la dot d'une femme, aggrave
son délit ; il ne s'est pas contenté
de dissiper les suretés de la dot,
il a dissipé la dot même ; dans
ce cas le mari a deux obligations
essentielles à remplir : le remploi
de la dot aliénée, & celui des
hypothéques pour sureté de la
dot : si le mari n'a suffisamment
que pour s'acquitter de la premiere obligation, comme débiteur personnel ; il est clair que

la dot de la femme restera toujours en péril dans les mains d'un
mari indigent ; lors donc que
l'on n'envisage que la seule nécessité du remploi de la dot aliénée
auquel le restant des biens d'un
mari peut encore satisfaire , on
ne remplit qu'une obligation du
mari : mais ce mari en a deux ;
le remploi de la dot aliénée , &
celui des hypothéques pour la sûreté de cette dot recouvrée par le
remploi du mari. Telle est la loi
des séparations de biens ; c'est
anéantir cette loi que de se laisser
emporter à une erreur aussi dan-
gereuse ; c'est-à-dire, de ne sta-
tuer que sur la premiere obligation : c'est supposer ce qui n'est
pas ; car c'est supposer que la loi
n'a en vûe d'accorder la séparation, que relativement à l'insuffisance du remploi d'une dot aliénée , pendant qu'elle décide formellement qu'elle n'a égard qu'à
l'insuffisance des hypothéques

dûes à la dot d'une femme : enfin fe contenter du remploi de la dot aliénée fans exiger des hypothéques pour fa fureté ; c'eft remettre la dot d'une femme ès mains d'un mari qui a déja abufé de fa confiance ; c'eft anéantir la foi du Contrat de mariage, qui exige des furetés à cette dot ; c'eft éluder la force de la loi en faveur d'un mari prévaricateur, qui fonde la légitimité de la féparation fur le défaut de fureté de la dot : enfin c'eft décider contre les propres difpofitions des engagemens réciproques les plus formels, & détruire la foi des traités les plus facrés.

Le remploi des hypothéques pour fureté de la dot d'une femme, n'eft donc point à confondre avec celui du remploi de la dot aliénée ; ce font deux actions de la part d'une femme diftinctes & féparées, l'infuffifance des unes

donne lieu à la féparation ; l'infuffifance des autres donne à la
femme l'action de créanciere : ces
deux actions lui forment contre
le mari deux obligations également indifpenfables, qui ne peuvent jamais fe couvrir l'une par
l'autre ; fi le mari a des biens fuffifans pour le remploi de la dot
aliénée, il a fatisfait au devoir de
débiteur ; s'il eft infuffifant pour
le remploi de fes hypothéques, la
dot eft en péril, & dès-là la féparation ne peut être refufée.

Il faut à préfent entrer dans
la nature des biens que ce mari
apportera en remploi, pour fatisfaire à cette double obligation,
& détruire la troifiéme erreur
dont on a parlé plus haut.

Avant de pourfuivre cette difcuffion, il paroît néceffaire de
convaincre abfolument de la vérité des principes que l'on vient
de pofer en détruifant deux difficultés qui femblent les anéantir.

Deux partis oppofés réuniffent ici toutes leurs forces. Il faut, dit l'un, que la dot de la femme foit ruinée en entier ou alterée en la majeure partie, pour donner lieu à l'action en féparation. Il feroit trop onéreux à un mari de ne pouvoir difpofer de fes biens; le mariage feroit pour lui un véritable efclavage. Il fuffit, dit l'autre, que le péril de la dot de la femme foit évident, la dot même exiftant en fon entier pour donner lieu à l'action en féparation ; mais pour l'action en répétition de la dot aliénée, la femme n'a ce droit qu'à la mort de fon mari, & ne peut l'avoir de fon vivant : ce fentiment eft fondé, ajoutent ces partifans fur les Coutûmes, qui ne donnent à la femme cette action qu'à la mort du mari, avec des avantages infinis , comme de reprendre *franchement & quittement tout ce qd'elle aura apporté* fur la com-

munauté premierement, & fub-
fidiairement fur les biens du
mari, nonobftant toutes dettes en
faveur defquelles la femme auroit
pû s'engager.

Le fentiment le plus raifonna-
ble, le plus conftant, eft fans contredit ce dernier , comme étant
le plus conforme à la loi des féparations , & à celle de l'équité
naturelle & contractuelle , qui
veut affurer les claufes qu'elle a
donné lieu d'admettre ; le feul
péril de la dot engendre l'action
en féparation, c'eft ce que j'ai
prouvé, & c'eft mon fentiment,
auquel je me tiens fortement &
uniquement attaché : mais en admettant cette vérité , je combats
avec la même force la conféquen-
ce que les partifans de ce dernier
fentiment, tirent de ce principe,
qu'une femme n'a ce droit, en cas
de féparation, pour la répétition
de fa dot , qu'à la mort de fon
mari. Cette répétition de fa part

eſt une double action qui dérive
de la ſéparation qui a eu pour
objet le péril de cette même dot.

La loi ne ſe diviſe point, elle
dit, *ſi maritus vergit ad inopiam,*
mulier ſibi proſpicere poteſt dotem re-
petendo. La répétition de la dot
eſt donc la ſuite de l'action en
ſéparation, & qui plus eſt, l'action en ſéparation n'a pour unique but que cette répétition.
Adopter un principe contraire,
c'eſt anéantir la loi & priver la
femme de ſes droits.

Cette conſéquence emporte avec
ſoi une eſpece d'abſurdité, elle
contredit les principes de l'action
en ſéparation avoués par ces par-
tiſans ; en effet, faiſans conſiſ-
ter l'action en ſéparation dans le
péril de la dot ; ſi, lors de la
ſéparation, la femme n'a pas le
pouvoir de répéter ſa dot, qu'il
lui ſoit néceſſaire d'attendre la
mort de ſon mari ; il faut conclure que tant que le mari vivra,

il en emportera la libre difpofition, puifqu'en ce cas la féparation n'auroit aucun effet réel, ni
contre lui, ni en faveur de la
femme. Les Coutumes fur lefquelles ces perfonnes fondent leur
fentiment, leurs font-elles bien
favorables? Je ne le penfe point.

Ces Coutumes accordent cette
action à la femme, non à caufe
de la mort du mari, mais parce
que la mort du mari engendre la
diffolution de la communauté.

La lettre accable ici : rentrons
donc par l'efprit dans la voie de
la vérité.

La Coutume fait fubfifter la
communauté jufqu'à la mort de
l'un ou de l'autre des conjoints,
tems auquel elle fe diffout; cela
eft vrai; parce que la Coutume
n'eft point entrée dans les queftions de la loi qui pouvoient
donner ouverture à cette diffolution avant la mort : comme

mere véritable, elle n'a eû garde
de préfumer que fes enfans puf-
fent tomber dans le cas de contrevenir au bon ordre, *fraus nun-
quam prefumitur* ; c'eft pourquoi
elle a attaché la diffolution de la
communauté à la mort de l'un ou
de l'autre. Voilà en effet tout ce
que la Coutume pouvoit & devoit
prévoir : argumentons à préfent.

Etant vrai que c'eft la diffolution de la communauté qui engendre l'action en répétition ; il
eft donc vrai de dire que toutes
les fois que cette diffolution arrive, l'efprit de la Coutume eft
rempli, & que la femme a droit
à la répétition de fa dot, conformément aux avantages préten-
dus accordés à la femme ; donc
la femme n'eft pas dans le cas
d'attendre la mort de fon mari
pour cette répétition , avec lequel elle n'a plus de commerce
quant aux biens depuis la féparation,

ration, mais elle a droit à cette action dès la séparation qui diffout la communauté.

Ce principe de nos adverfaires eft contraire à la Jurifprudence, qui donne cette action à la femme, lors de la féparation , comme étant l'objet principal des conclufions de la femme , & l'intention expreffe de la loi.

Les principes de ce troifiéme Chapitre font donc à préfent démontrés. 1°. Le péril de la dot eft le feul moyen qui donne droit à l'action en féparation.

2°. La femme dans l'objet de fa demande a une double action; l'action en féparation à caufe de fa dot en péril ; l'action en répétition de fa dot par le moyen de la féparation.

Tout ceci va devenir encore plus décifif, en répondant aux fentimens de ceux qui adoptent que l'action en féparation ne doit être admife que dans le cas de la diſſipation de la dot d'une femme, en tout ou en partie la plus conſidérable ; d'où l'on conclut que dès qu'un mari a ſuffiſamment de bien pour le rémploi de la dot aliénée , la demande en ſéparation ne doit plus avoir d'effet.

Ce ſentiment combat de front la loi de la ſéparation, qui n'exige point la diſſipation de la dot ni en tout , ni en partie, qui la ſuppoſe même exiſtante en ſon entier ; mais uniquement le défaut de ſureté de cette dot , ou le péril de cette dot pour donner lieu à l'action en ſéparation : ce ſentiment n'eſt donc nullement admiſſible. En ſuppoſant la dot diſſipée , le mari aura encore de quoi en faire le rémploi ; à la bonne heure ; mais ce rémploi qui tient lieu de la dot diſſipée, a beſoin de ſureté ; le mari n'ayant rien au-delà, ne peut point en fournir : dans ce dénuement effectif de la part du mari, la femme

manque donc de fureté pour fa
dot remployée ; ce défaut de fureté prouve l'indigence du mari ;
cette indigence met la dot remployée en péril ; donc l'action en
féparation doit avoir lieu.

Reprenons à préfent la matiere
du Chapitre fuivant.

CHAPITRE VI.

De la nature des biens qu'un mari doit apporter en remploi pour satisfaire à sa double obligation.

IL est certain qu'un mari n'oppose des remplois à la preuve de son indigence que pour faire tomber la demande en séparation proposée par sa femme, & jouir comme par le passé des biens de cette même femme, dont la privation semble préjudicier & à son autorité, & à son amour propre, sous lesquels il déguise le véritable motif d'intérêt qui l'anime à s'opposer à la demande de sa femme en séparation ; sans ce point de vûe, jamais un mari ne le mettroit en peine de la voie du remploi, & laisseroit sa femme à son propre conseil : mais un mari dissipateur & de ses propres fonds, & de ceux de sa femme, eſt-il bien en-état de fournir de pareils remplois? & ſa conduite paſſée inſpire-t-elle aſſez de confiance pour le croire ſur ſa parole? On ne le penſe pas; l'expérience cependant nous apprend que les erreurs que l'on combat ici, ont toujours été favorables à un mari; parce que l'on a regardé comme fruſtratoire le remploi des hypothéques: on a admis ſeulement le mari au remploi de la dot aliénée, & l'on a rendu ce remploi facile en recevant en faveur du mari indiſtinctement tout ce qu'il propoſoit. Par cette conduite, la femme s'eſt trouvée dénuée du ſecours de la loi, & le mari eſt demeuré dans ſa même puiſſance, tout indigne qu'il en étoit: il eſt donc queſtion d'examiner de quelle nature doivent être les biens qu'un mari doit apporter en remploi.

E iij

Comme le mari a deux obligations, le remploi de la dot aliénée ; & celui des sûretés de ce
même remploi ; il faut discuter
cette nature de remplois vis-à-vis
ces deux obligations.

CHAPITRE VII.

De la nature des biens qu'un mari
doit apporter à une femme pour
le remploi de la dot aliénée.

ON ne peut douter que ce
remploi ne doive être fait
en hypothéques sûres, claires &
liquides ; autrement ce seroit ren-
verser l'ordre des loix & des
conventions ; ce seroit anéantir
les droits les plus constans de la
société. Ce sont des hypothéques
certaines, que le mari a dissipé à la
femme, ou des deniers dont il étoit
tenu de l'emploi ; il faut que le
mari donne en remploi la même
sureté en hypothéques ; qui ne
soient sujettes à aucuns engagemens & nullement affectées à
aucunes dettes ; en un mot, des
hypothéques sûres & libres ; des
hypothéques claires, nullement
sujettes à discussion ; des hypo-

E iiij

théques enfin qui soient liquides, d'où il ne puisse résulter ni
comptes, ni embarras ; telle étoit
la nature des biens qui com-
posoient la dot de la femme,
tel doit être le remploi du mari.

Il n'y a donc que par des principes d'erreurs, des préjugés sans
fondement ; que l'on admet le
mari à donner en remploi des
actions mobiliaires, des obligations, des deniers sans emploi,
les meubles même de sa communauté ; ce sont cependant des
remplois de cette espece qui ont
renversés les demandes en séparation les mieux fondées.

Encore si de pareils fonds
eussent été suivis de l'ordre exprès d'emplois avec subrogation,
la femme auroit paru ne point
souffrir, ou au moins ne souffrir
qu'en partie ; si un interlocutoire
survenoit avant l'Arrêt définitif
qui ordonnât l'emploi de ces sortes de mobiliers en faveur de la

femme ; cette femme, a-t-on dit,
paroîtroit moins souffrir, parce
que ces remplois seroient certains en faveur de la dot aliénée;
ou au moins, a-t-on continué;
elle ne souffriroit qu'en partie , puisqu'il ne lui manque-
roit plus que les suretés pour sa
dot. Il n'en est pas ainsi ; sur
l'exposé de ces offres , un mari
déclare injuste la demande de sa
femme en séparation; cris illu-
soires! mais favorables au préjugé;
parce que la communauté repre-
nant son cours , la puissance du
mari reprend de nouvelles forces ; & comme on ne peut disconvenir que tous ces mobiliers
& actions de pareille nature ne
composent le domaine sur lequel
le mari a une autorité absolue,
comme chef & maître de la communauté : il faut nécessairement
conclure que cette femme est privée de ces objets qui font partie
de la communauté, dont le mari

abufe d'autant plus volontiers,
qu'il eft affuré de l'impunité, fi
la féparation n'a point lieu.

A Dieu ne plaife que je penfe que l'on veuille de deffein prémédité, commettre une injuftice
en opinant contre la demande en
féparation, fondée fur les piéges
que le mari tend par des offres in-
difcrétes ; mais on ne la commet
pas moins, & on ne fe rend pas
moins refponfable de la ruine d'u-
ne femme & de toute fa famille, en
rendant au mari une propriété de
puiffance fur les objets qu'il a
offert en remploi qui périront en
fes mains, en lui allouant en remploi autre chofe que des hypothéques claires, fûres & liquides, qui dénue la femme & de
l'objet de fes créances, & de celui des fûretés de fa dot.

L'erreur fur laquelle ces opinions font fondées, a fes raifon-
nemens ; l'on hypothéque également, dit-on, les actions mobi-

liaires comme les immobiliaires;
un mari n'eſt pas aſtreint à placer ſur le champ les deniers dotaux d'une femme ; ſi à la mort
du mari cet emploi n'eſt pas fait,
la femme a la liberté de les reprendre ſur la communauté, &
enſuite ſur ſes biens, ſi la communauté ne ſuffit pas.

Le principe ſur lequel roulent
ces deux raiſonnemens étant
prouvé conſtamment faux ; ce
qui eſt la ſuite doit être une continuation d'erreur; en effet, ces
raiſonnemens font un ſophiſme
dans l'eſpece préſente : les actions
perſonnelles & mobiliaires, les
meubles même peuvent s'hypo-
théquer & s'hypothéquent réellement; mais ces objets ne forment jamais des hypothéques
réelles : cela eſt ſans conteſta-
tion ; parce qu'ils n'ont jamais
de ſuite par hypothéque, & que
par le moyen du renouvellement
de la communauté, qui eſt là

fuite du refus de la demande en
féparation , ces objets rentrent
fous la puiſſance du mari , dont
il peut difpoſer à fon gré , fans
que qui que ce ſoit puiſſe l'en
empêcher. L'action ou la ſuite
par hypothéque auroit eu lieu en
faveur de la femme ſur ces objets , ſi ſa demande en féparation
eut eu ſon effet ; pour lors cette
femme auroit eu un emploi certain ſi les offres du mari euſſent
été certaines : & la loi des féparations eut eû avec juſtice toute
fon exécution : l'hypothéque
étant *jus reale quod fundum ſequitur*
adverſus quemcumque poſſeſſorem. Loi
Eos. au Cod. *qui pot. in pig.* eſt donc
la ſeule ſureté de la femme , &
quant à ſa dot, & quant à ſa
créance : donc c'eſt une injuſtice
en tout genre, que de lui donner en échange des actions pé-
riſſables dont le mari eſt le maître, & qui n'ont jamais de ſuite
par hypothéque.

Le fecond raifonnement eft auffi erroné ; un mari n'eft point tenu de placer fur le champ les deniers dotaux d'une femme ; le mobilier que le mari offre en remploi au défaut des deniers dotaux d'une femme eft un effet fubftitué à un autre qui doit fubir le même fort.

Un mari n'eft pas tenu de placer fur le champ les deniers dotaux d'une femme ; mais il eft folemnellement engagé à ce remploi ; c'eft la claufe expreffe de fon Contrat de mariage : la promeffe fuffit pour lors ; mais depuis cet engagement ; le mari a abufé de cette confiance & a diffipé fes deniers : il a plus fait, il a diffipé fes fonds : cet abus forme le moïen de la demande en féparation, parce qu'il rend la promeffe du mari fans effet, non - feulement fans effet, mais encore le mari lui-même par cet abus eft dans l'impuiffance de l'accomplir ; ces

deux circonſtances, & de la promeſſe lors du Contrat de mariage, de placer les deniers dotaux
d'une femme, & de la diſſipation de ces deniers au tems de
la demande en ſéparation, ne
ſont point à confondre; & comme elles ont deux poſitions différentes, elles doivent avoir deux
effets différens. On ſçait qu'au
tems du mariage on ne peut forcer un mari à faire un emploi
ſubit, auſſi lui remet-on les deniers à titre de confiance, non à
titre de propriétaire, à la charge
de les placer : au tems de la demande en ſéparation, la femme
agit à titre de créanciere, le mari a abuſé de ſa confiance, il lui
faut un remploi certain, il lui
faut des hypothéques réelles; en
un mot, il faut qu'elle ſoit ac-
quittée,& que cet acquit ne puiſſe
jamais périr, *ſpoliatus ante omnia
reſtituendus.* La déciſion qui eſt à
porter ſur la demande en ſépa-

ration eſt une déciſion de reſtitution, & non, comme le Contrat
de mariage, un objet de confiance. Après la mort du mari, la
femme, dit-on, a ſon recours ſur
la communauté ; & ſi elle eſt
inſuffiſante, ſur les biens de ce
même mari : pourquoi ce recours?
C'eſt que la mort du mari forme
la diſſolution de la communauté
& rend à la femme ſa liberté &
ſa puiſſance d'agir ; c'eſt que la
loi n'a jamais enviſagé qu'un
homme fidéle, & qui bien loin
de diſſiper ſes propres fonds, auroit ſoin de laiſſer à ſa femme les
ſuretés qu'il s'eſt engagé de lui
donner ; dans le cas de la ſéparation, la loi donne le même
effet qu'à la mort du mari; c'eſt-
à-dire, qu'elle donne à la femme, & la liberté, & la puiſſance d'agir : la communauté étant
diſſolüe, elle a droit de repriſe
ſur tous les effets de la communauté & ſur les propres biens

du mari : or il eſt viſible que le
mari a diſſipé ſes biens ; il eſt viſible qu'il n'a plus d'hypothéques,
puiſque tout ce qu'il offre n'eſt que
du mobilier ; eſt-il juſte d'ôter
à une femme ſes véritables droits?
La priver de l'objet de ſes créances ? Laiſſer de nouveau à un
mari le tems de faire ſon remploi, qu'il eſt ſûr qu'il n'effec-
tuera jamais ? Lui rendre avec
confiance la puiſſance de la communauté ? L'enhardir à diſſiper
le reſte d'une dot encore chan-
celante, & abandonner une femme à une ruine certaine & irré-
vocable ? On ſe reſſouviendra
facilement des ſentimens que l'on
a combattu à la fin du troiſiéme
Chapitre ; ces objections que l'on
anéantit ici en ſont une ſuite
néceſſaire ; car ſi l'action en répétition de la dot n'a lieu en faveur
de la femme, qu'à la mort du
mari ; la femme ne peut avoir
lieu à la diſcuſſion, cela eſt con-
ſéquent;

féquent; mais comme de tels princi-
cipes ont été prouvés évidemment
faux, & que la femme a ce droit
au contraire, le cas arrivant de
diffolution de communauté comme au fait préfent de féparation,
la femme a une double action à
laquelle le mari n'a droit de s'oppofer, qu'en prouvant que la dot
de fa femme exiftante, il a des
hypothéques claires, fûres & liquides qui en font la fureté; ou
que fi cette dot eft diffipée, il a
non-feulement de quoi la remployer, mais encore des hypothéques telles que l'on vient d'exprimer pour la fureté de cette
dot remployée; parce qu'encore
une fois, le droit de la féparation confifte feulement dans le
péril de la dot. Ces principes ont
la même autorité fur la matiere
que l'on va traiter dans le Chapitre fuivant.

CHAPITRE VIII.

La nature des biens qu'un mari apporte pour la sûreté de la dot doit être égale à la nature des biens du Contrat de mariage.

IL est inconcevable comment une question contraire peut trouver accès ; comme si un débiteur pouvoit à son gré changer les hypothéques sur la foi desquelles son créancier a contracté ; l'admission d'un tel principe devient cependant la cause évidente des dissipations d'un mari ; en effet, une femme a livré ses biens à un mari sous la confiance de ceux qu'il lui a donné pour sûreté : ou il faut envisager le Contrat de mariage comme un jeu, & un accessoire purement cérémoniel ; ou il faut le mettre dans la classe de tout Contrat qui n'admet aucune réservé dans ses conditions : le Contrat de mariage a toujours

été regardé comme le Contrat le
plus sacré & le plus inviolable,
& il l'est en effet. Cependant on ne
peut déranger ni déroger à aucun point des Contrats civils,
sans le consentement exprès &
formel des parties contractantes;
& l'on admet au Contrat le plus
éminent une dérogation, un dé-
rangement entier , confié à la
seule autorité du mari : un tel
principe si contraire à ces vérités
est encore une fois un raisonne-
ment inconcevable, puisqu'il tend
à prouver qu'un mari pourra à
son gré disposer de ses biens dont
il n'est que l'économe; de ses biens
affectés à la dot de la femme ;
de ses biens qui ont donné à la
femme toute sa confiance ; de ses
biens enfin sans lesquels la femme n'eut, ou jamais contracté ,
ou contracté différemment ?
Qu'un débiteur dissipe les hypothéques qu'il a constitué à son
créancier ! En est-il quitte pour

repréfenter d'autres hypothéques? Non certes ; il eft obligé de
rembourfer la fomme entiere. Ce
principe n'eft pas moins certain,
eû égard aux Contrats de mariage ; un mari ne peut diffiper
aucunes des hypothéques qu'il a
lui-même conftitué ; telle eft la
loi : fi on laiffe au mari la liberté d'en difpofer pour le pro-
fit & l'avantage réciproque, ce
n'eft pas certainement pour lui
donner l'autorité, la liberté de les
diffiper ; mais pour parvenir à
un fort plus avantageux ; & afin
que cette liberté de difpofer., accordée à un mari fur fes propres
fonds, ne puiffe jamais être re-
gardée comme une volonté arbitraire ; il faut mettre fous les
yeux les raifons qui doivent néceffairement engager le mari à
ne point déroger ainfi aux claufes effentielles & fondamentales
du Contrat de mariage.

Il faut pofer pour premier

principe que cette liberté de difpoſer n'eſt accordée au mari que
parce que juſques ici ſes biens
ne ſont affectés qu'à une ſureté
de dot, & non à aucune créance
paſſive qui puiſſe faire tort à la
ſureté de la dot de la femme ;
qu'ainſi la loi n'engageant le
mari que relativement à une ſureté ; que cette ſureté ſoit identiquement placée ſur les hypothéques portées au Contrat de
mariage ou ſur d'autres qui tien-
nent équivalamment la même
place, la loi ne lui en fait aucun
crime. Le mari peut & doit toujours tendre à un état & une
condition plus avantageuſe dès
qu'il le peut faire ſans riſque ;
c'eſt ce qu'il eſt néceſſaire de
remarquer : or, dès que le mari
n'uſe de ſes droits que conſé-
quemment à ce noble deſſein,
la loi ne peut que le congratuler;
auſſi jamais le barreau n'a re-
tenti de demandes en ſéparation

fondées fur de pareilles conduit-
tes ; mais il n'eft ici queftion que
d'un mari diffipateur qui abu-
fant de ce pouvoir, croit à fon
gré pouvoir diffiper fes biens, &
leur fubftituer des hypothéques
telles que fon imagination lui
fournira , parce qu'il a pris pour
principe qu'il a le droit de vendre fes biens , & qu'il n'eft pas
obligé de repréfenter identiquement les mêmes hypothéques
portées en fon Contrat de mariage ; mais cette liberté accordée à un mari fage & prudent ,
eft interdite totalement à un diffipateur , parce que la loi n'au-
torife jamais les excès ; au contraire , elle punit toujours ceux
qui abufent de la liberté qu'elle
donne & dont la diffipation eft
le principe. *

 Dans la pofition du diffipateur
dont on parle ici , quelle fureté

---

* Voyez la Préface.

dans les hypothéques qu'il prétend fournir ? Quelle doit être la nature du remploi des hypothéques qu'il a diffipé ? C'eft ce qu'il faut examiner.

On ne peut difconvenir de deux chofes également conftantes. 1°. Il faut que les hypothéques qu'un mari apporte en remploi foient auffi réelles & auffi conftantes que celles qu'il a diffipé. 2°. Qu'elles foient fuffifantes pour mettre la dot d'une femme hors de péril ; & enfin qu'elles foient telles que l'on les a expliquées au Chapitre précédent, fans, quoi la féparation doit avoir fon effet.

On doit convenir également qu'un mari diffipateur n'apporte point une confiance bien marquée dans les remplois qu'il apporte ; c'eft pourquoi il ne peut trouver mauvais la difcuffion qu'une femme eft en droit de faire des hypothéques qu'il lui offre, malgré le préjugé contraire qu'il s'efforce d'infinuer, qu'une femme n'a pas la liberté de la difcuffion ; c'eft encore une erreur qui prédomine faute d'entendre le fens de la difcuffion dont on parle ici ; erreur que l'on fe propofe de relever quand on aura agité la matiere des différentes fortes de diffipations qu'un mari peut employer.

J'entens ici nos adverfaires crier à l'héréfie & fe mettre prefqu'en colère contre ces principes, je n'en fuis point furpris : ceux-ci les preffent vivement & ne les quittent pas de vûe.

Il eft de la derniere indécence, difent-ils, de confidérer un mari comme un débiteur.

2°. Faire envifager le Contrat de mariage comme un Contrat ordinaire, c'eft avilir le caractère & les droits d'un mari, & l'un & l'autre donnent le coup mortel à la dépendance d'une femme,

femme, & à l'autorité du mari.

3°. Insinuer que le mari doit représenter identiquement les mêmes biens qu'il a constitué par son Contrat de mariage, est un attentat presque criminel.

4°. Enfin vouloir donner le droit de discussion à une femme, le mari vivant ; c'est lui donner un droit qu'elle ne peut avoir qu'à la mort de ce même mari.

On apperçoit sensiblement que ces objections tirent leur force des principes que l'on a combattu à la fin du troisiéme Chapitre ; c'est pourquoi il faut se les rappeller pour anéantir ces nouvelles idées ; le Lecteur est prié de ne les pas perdre de vûe, la réponse ne sera pas longue.

Premiere Objection. Placer un mari au rang de débiteur, est un indécence monstrueuse. La loi est garante de cette indécence. A quel dessein donne-t-elle le droit à une femme dans le

cas de la féparation dont il s'a-
git dans ce Traité, de répéter fa
dot aliénée contre fon mari?
Dans quelles circonftances les
Coutumes citées par ces adverfaires donnent-elles le droit à la
femme de reprendre *franchement*
& quittement tout ce qu'elle aura apporté fur le mobilier, & en
cas d'infuffifance, fur les biens
du mari? finon dans les circonftances d'une diffolution de communauté & d'aliénation de la dot.
Pourquoi l'action de reprife fe
forme-t-elle par une demande
contre le mari qui tend à lui
rendre ou à lui payer la fomme
de ... pour le montant de fa dot?
Pourquoi cette demande eft-elle
fuivie de faifie-exécution & vente des effets mobiliers du mari,
de faifie-arrêt, de faifie-réelle,
& d'adjudication de fes immeu-
bles, comme contre tout autre
débiteur? action dont nous voïons
l'expérience fous nos yeux lors

de l'effet de la séparation & de l'aliénation de la dot : la Jurisprudence est d'accord sur ce point avec la Loi & les Coutumes.

Oui sans doute un mari dissipateur est débiteur sans indécence ; il est même débiteur de mauvaise foi ; parce qu'il a dissipé des biens confiés à sa bonne foi, sous les clauses de ses promesses solemnelles.

Si les partisans de la décence des maris vouloient bien considérer que ce Traité ne fait envisager le mari débiteur que dans le cas de la dot aliénée, qui fait la matiere du Chapitre, ils auroient fait grace au moins des termes ; mais pour s'appuyer avec apparence de fondement, ils arguent ce terme de débiteur pris dans la proposition générale de la séparation; ce qui est un défaut de sincérité. Car si la femme n'a rien perdu de ses droits, elle n'a

que l'action de rentrer dans la
régie de ses biens, & le mari
n'est nullement son débiteur.

Seconde objection. Faire envisager le Contrat de mariage comme un Contrat ordinaire, c'est
anéantir le caractère & les droits
du mari, c'est porter le coup
mortel à l'autorité du mari & à
la dépendance d'une femme.

Quelle différence dans l'ordre
des Contrats de mariage & dans
celui des autres Contrats? Cette
question dont je presse la réponse fera la solution.

Ce Contrat est un Contrat sacré, dit-on; & les autres n'ont rien
de cette auguste qualité: erreur; ce
Contrat précede un engagement
sacré, d'où lui dérive l'épithéte
de sacré, mais ne contient rien
de plus sacré que tout autre
Contrat; il scele les conventions
des parties du même sceau que les
autres Contrats. La volonté des
parties forme les clauses, la bonne

foi fert de témoin & la loi en eft feule le juge. Il en eft ainfi de tout Contrat.

Si l'autorité du mari & l'in-dépendance d'une femme étoient fondées fur des Contrats, il y auroit bien peu de maris fuf-ceptibles de cette autorité, & bien peu de femmes fufcepti-bles de cette dépendance; car les Nations chez lefquelles l'ha-bileté à fuccéder eft dévolue aux femelles, font les moins confi-dérables de toute la terre. Parmi celles où les filles ont ce droit, comme dans la nôtre; combien de Coutumes ou ce droit leur eft re-fufé; combien qui en reftraignent les portions; combien qui en ren-dent le droit conditionel? Parmi les Coutumes où ce droit eft égal: combien qui par défaut de biens n'ont befoin d'aucun Con-trat: le nombre en eft plus grand que celui qui fait précéder l'u-nion conjugale d'un Contrat; ainfi il feroit donc vrai de dire que cette autorité & cette dépendance réfidans dans ce Contrat, le plus petit nombre y feroit feulement aftreint.

Ce fentiment n'eft donc point admiffible : l'autorité & la dépendance dans cette union dérive de l'union conjugale & non du Contrat. Ce Contrat ne concerne que l'affurance des droits réciproques, les hypothéques d'un mari, les reprifes & le douaire de la femme ; c'eft par ce Contrat qu'un mari affirme être dépofitaire des biens de la femme qu'il prendra par foi de mariage ; qu'il hypothéque fes propres biens pour fureté de la dot & du douaire de la femme ; qu'il confent l'effet de fes reprifes fur fon propre bien ; qu'il fçaura ufer du tout en bon pere de famille. Toute la différence de ce Contrat d'avec les autres ; c'eft que dès que l'engagement du mariage en a été la fuite, il ne peut être réfolu ; fi cette différence eft réelle, la loi a donné des moyens différens pour en rendre les conventions relatives fans les rendre l'objet d'une réfolution ; mais enfin ce Contrat n'a rien de plus facré que les autres. Voilà le point feul de la difficulté fuffifamment réfolu.

C'eft un attentat, dit-on, *en troifiéme lieu*, d'infinuer que le remploi du mari doit être identique à la' dot de la femme.

On répond que l'on ne trouvera nulle part dans ce Traité ce que l'on veut infinuer à ce fujet ; l'injure eft gratuite, & la propofition feroit fauffe. Tout s'oppofe à cette maxime, la loi, la liberté du mari dans le maniement & l'arrangement des affaires de la communauté ; le bon fens, la raifon, tout embraffe un plan directement oppofé ; je dis

G iiij

qu'il faut qu'il rende à la femme ou fes biens, ou s'ils font aliénés que la reprife s'en faffe fur fes propres biens ; je dis que fur le péril de la dot qui eft le feul motif de la féparation , il faut qu'il repréfente des hypothéques claires, fures & liquides, au défaut de fes biens qu'il a diffipés, pour s'oppofer à la demande en féparation , & que fans un tel remploi il ne peut être reçû à fon oppofition ; voilà ce que je dis, ce que je répete, & le feul vrai & nullement fufceptible de reproche.

Je dis & je prouverai par la fuite que tous les remplois qu'apporte un mari diffipateur & frauduleux qui eft celui que j'ai feul en vûe dans ce Traité, font deftitués de toute confiance, & demandent des preuves de leur validité non fufpectes , puifqu'un tel homme qui a employé à fes folies le bien d'une femme, n'eſt gueres en état de faire des remplois ſolides & utiles.

La *quatriéme Objection* n'exige point ici de réponſe, elle eſt commencée à la fin du troiſiéme Chapitre, & continuée dans les Chapitres ſuivans avec étendue.

CHAPITRE IX.

Des différentes fortes de diffipations de la part d'un mari.

UN mari diffipateur par l'excès des plaifirs, de quelque façon qu'on puiffe les envifager, n'eft pas propre à s'attirer la confiance en préfentant un remploi dans quelque miférable débris d'hypothéques qui peuvent lui être furvenues ou qui lui reftent encore; car après avoir diffipé fon propre fonds, quelle nature d'hypothéqués a-t-il pû fe former au milieu de la vie licencieufe qu'il a mené & qu'il mene encore, qui ne devoient être tenues pour fufpectes?

Un homme dont la diffipation feroit produite par un excès de cupidité & d'ambition, eft-il bien propre à s'acquérir la confiance? Les comptes, les dettes

de ces fortes de gens font fi con-
fus, fi embarraffés & fouvent
fi frauduleux, qu'il n'y a rien de
fûr dans le nombre immenfe d'hypothéques qu'ils pourroient repréfenter; c'eft fur-tout vis-à-vis
de ces gens qu'on doit appliquer
la loi de *neque tempus neque modum neque finem expenfarum habent.*

Un homme dont la diffipa-
tion feroit caufée par ces événemens fâcheux que toute la prudence humaine ne peut parer, a
droit de fe flatter d'une confiance qui ne peut être altérée par
aucun foupçon. Un tel homme
eft plus malheureux & plus à
plaindre qu'à blâmer; auffi voit-
on peu de demandes en féparation fe former au milieu d'une
telle conduite; & s'il en éclatte
quelqu'une, c'eft, comme on l'a
dit au commencement de ce Traité, pour former un calme au
mari dans le fein de la tendreffe
d'une femme; auffi ces fortes de

demandes ne font jamais d'éclat.

Outre ces hommes dont on vient de parler, il en eſt d'une eſpéce ſinguliere. Ceux-là veulent acquérir le droit de diſſiper leurs biens, ceux de leurs femmes, & conſerver au milieu de ces étranges renverſemens tous les droits ſacrés de la probité la plus exacte. Rien de ſi charmant que leur extérieur : la probité, l'honneur, l'eſprit d'économie, paroiſſent empreints ſur leur front ; pendant que l'intérieur eſt corrompu de la conduite la plus indiſcrette. C'eſt un extrême embarras, on l'avoue à la honte de ces eſprits hypocrites, de pénétrer dans leur caractère dont la hauteur & l'eſprit de tyrannie à l'égard de leurs femmes ſont les moindres défauts. C'eſt un extrême embarras, on le répete, de pénétrer les retraites myſtérieuſes, dans leſquelles ils ſe ſont tracés le plan de leur con-

duite. C'eſt ici où ſe perdent l'eſprit & l'intelligence d'une femme
la plus ſenſée : elle voit ſa maiſon
tomber, elle voit ſes biens diſſipés, elle cherche à en pénétrer la
cauſe : tout ſe refuſe à ſes recherches ; la foibleſſe de ſes lumieres
ne peut lui permettre de percer
trop avant ; elle n'apperçoit rien
dans la conduite du mari qui
puiſſe l'enhardir à demander le
ſecours de la ſéparation. Le ſi-
lence même de ſon mari lui paroît reſpectable ; ſa probité ap-
parente ; ſa conduite uniforme
la couvrent de confuſion ; les
biens de ſon mari paroiſſent exiſ-
tans ; ou ſi quelques-uns lui man-
quent, les raiſons qui l'en ont
dépouillé, paroiſſent juſtes & indiſpenſables ; il a même des hypothéques en réſerve qu'il fondra
ſur ſon économie. Rien de fixe
ne ſemble capable ni de raſſurer
cette femme craintive, ni de l'enhardir à former ſa demande ;

Cependant elle périt ; un nombre immense de créanciers assiége sa maison ; ces premiers se trouvent payés ; d'autres surviennent, la femme fait un effort ; un troisiéme arrive, la maison culbutte, la femme est réduite à la mendicité. Elle se pourvoit en séparation. Le mari seul constant au milieu de l'orage, conjure les vents, tout s'appaise, rien ne transpire, la séparation se suit, le mari triomphe, & la femme & les enfans sont réduits à la derniere misere : quel est donc la cause d'un événement si extraordinaire ?

La femme a cependant percé le mystere du mari ; elle a prouvé la dissipation de sa dot ; le mari en est convenu. La femme a prouvé que les biens qui servoient de sureté à cette même dot étoient dissipés ; le mari n'en a pû disconvenir. Il est visible qu'il ne reste plus rien à ce même mari que des actions peu fondées, des hypothéques dont la fraude concertée avec art, menagée depuis long-tems, forme toute la validité des deniers dont il demande l'emploi; du mobilier dont il fait avec sécurité le fastueux étalage. Il est visible que tout ce qu'il rapporte n'a aucune solidité, & que tout porte l'empreinte de la dissimulation. Le mari est accablé de dettes, la femme ne les peut connoître que par la voie de l'enquête; le mari crie à l'inquisition, à l'imposture & au mensonge; il est écouté, il triomphe enfin, & la femme accablée de sa douleur ne se voit plus pour ressource que la mort, ou une indigence éternelle, pire que l'horreur de la mort qu'elle invoque à son secours.

Est-ce la Jurisprudence qui est la cause de ce juste désespoir? Non certainement; mais ces différens sentimens que l'on vient

de réfuter. On n'a conçû qu'une
feule action dans la demande
d'une femme en féparation ; on
a voulu que le mari offrant de
quoi remployer la diffipation de
la dot, fon obligation étoit rem-
plie, & que par cette offre la fureté de la femme étoit folidement
acquife. On a confidéré que pourvû que ce que le mari avançoit
fur fon mobilier ou fur fes actions mobiliaires fût vrai, cela
fuffifoit pour opérer l'effet du
remploi de la dot aliénée ; on n'a
pas confidéré, que tant pour le
remploi, de cette dot que pour fa
fureté, il falloit des hypothéques
réelles ; que ce même mobilier, ces
mêmes actions mobiliaires alloient
rentrer dans la communauté par
le refus de la demande en féparation, & par-là appartenir au
mari en toute propriété, dont il
pourroit difpofer comme maître
& chef de cette communauté.

Ces erreurs en ont engendrés
d'autres,

d'autres. On a fermé à la femme la voie de la difcuffion des hypothéques apportées par le mari en remploi ; la voie de l'enquête qui eft ordonnée expreffément lui a été refufée ; enfin le mari en a été crû fur fa parole, nonobftant la diffipation prouvée de fes biens & de ceux de fa femme.

Il eft cependant certain que de toutes les fortes de demandes en féparation, celle dont l'on parle eft la plus évidente. 1°. Les hypothéques du mari pour la fûreté de la dot de la femme n'exiftent plus ; le mari en convient. 2°. Il certain que la dot de la femme n'exifte plus ; le mari en convient. Il faut donc pourvoir à cette double obligation fur l'aveu du mari ; il faut qu'il ait fuffifamment d'hypothéques pour remplir cette double obligation. On trouve que fes hypothéques ne font pas fuffisantes pour remplir la créance de la femme sur sa dot aliénée, puisqu'il faut faire droit sur un mobilier & sur des actions mobiliaires. Comment donc ce même mari pourra-t'il trouver de quoi remplir la seconde obligation qui consiste dans la sureté de la dot, sans laquelle on ne peut lui confier de nouveau la dot de la femme & la puissance de la régir ? Puisque tout ce qui restoit au mari est absorbé dans le remploi dû à la créance de la femme, à cause de sa dot aliénée ? Dans quelle confusion d'idées ne jette donc pas le sentiment de ceux qui pensent que le remploi de la dot aliénée suffit pour éviter l'effet de la demande en séparation ?

Si cette idée avoit lieu, comme on l'a dit : que le mari eût suffisamment de quoi remplir la dot aliénée ; il faudroit une sureté à la dot remployée ; ce qui feroit double emploi, auquel le mari, du propre aveu de ces partifans ne pourroit fournir. La loi au contraire ne requiert pour l'action en féparation que le péril de la dot; l'action de la femme en répétition de fa dot n'eft que l'effet, la fuite de la féparation. Le péril de la dot eft donc le feul point à décider.

Entrons à préfent dans l'objet que l'on s'eft propofé fur les erreurs dont on vient de parler; erreurs qui tombent fur la liberté qu'une femme a de difcuter les hypothéques que le mari préfente pour les remplois fervans à la fureté de fa dot, & fur le texte de la loi qui accorde à la femme la preuve par témoins des dettes du mari lors de la demande en féparation.

CHAPITRE X.

Une femme dans le cas d'une de-
mande en séparation a un droit
incontestable de discuter les hypo-
thèques que le mari apporte en
remploi.

L'ON ne parlera point ici de
la discussion de mobilier,
d'actions personnelles, d'actions
mobiliaires , d'obligations que
peut offrir un mari. On a prouvé que ces objets étoient inadmis-
sibles dans le cas d'un remploi
qu'offre un mari pour avoir lieu
de s'opposer à la demande en
séparation. Quoique ces objets
s'hypothéquent & puissent s'hy-
pothéquer, ils n'ont aucune suite par hypothéque , & le mari
en reste le maître & peut en disposer à sa volonté, lorsqu'ils rentrent en son pouvoir par le refus
de la séparation. Ce ne sont donc

que des hypothéques réelles, *Jus reale quod fundum sequitur adversus quemcumque possessorem*, dont on entend parler, contre lesquelles la femme a une entiere liberté de discussion dans le cas d'une demande en séparation.

Tout créancier a le pouvoir de discuter les biens de son débiteur. Tout hypothécaire a le droit de discuter les hypothéques qui font la sureté de ses droits; or une femme qui se pourvoit en séparation, comprend dans son action ces deux droits; celui d'hypothécaire pour s'assurer ses hypothéques, servans à la sureté de sa dot; celui de créanciere pour le remploi de sa dot aliénée; comment prétendre lui refuser ce droit de discussion sur des objets qui lui sont présentés?

Le terme de discussion peut être pris ici à contre-sens, & ce contre-sens former l'erreur que l'on combat; la véritable signification du terme de difcuffion en matiere de Jurifprudence , eft l'action d'un créancier envers fon débiteur, tant par la faifie, exécution & vente de fes meubles, que par la fuite fur les droits & hypothéques réelles , par faifie réelle ou autrement ; ce qu'on appelle difcuffion ou difcuter un débiteur : cette action n'eft attribuée à la femme que lorfqu'elle lui eft ouverte par la décifion de fa féparation ; c'eft par cette voie qu'elle a action contre fon mari , tant fur le mobilier , actions perfonnelles , & obligatoires dont elle le trouve nanti , que contre fes propres fonds & hypothéques , même contre les tiers acquéreurs conftant le mariage, ou contre tous créanciers hypothécaires ; ce qui s'appelle une réelle difcuffion. Ce terme de difcuffion s'applique encore au mûr examen que l'on fait d'une chofe que l'on peut prendre, ou que l'on peut rejetter ; telle que l'offre d'une caution, d'une hy- pothéque ; fçavoir fi l'une eft bonne & folvable ; fi l'autre eft réelle , vraie , & fans aucuns créanciers antérieurs ; c'eft de cette derniere fignification que l'on entend parler ici par le ter- me de difcuffion , parce que la premiere fignification n'eft ad- mife en faveur d'une femme, que lorfque fa demande en fépara- tion eft admife & décidée.

On ne peut nier que lors de l'inftant de cette demande , la femme n'ait le droit de difcuter les hypothéques que le mari lui offre , pour prouver la fureté de fa dot ; ce droit de difcuffion part du droit qu'elle a de les de- mander. Or, le droit de les de- mander lui eft fûr & conftant ; donc il feroit abfurde de lui con- tefter le droit de difcuffion. La dot d'une femme eft en péril faute de fureté, que le mari a dissipé. Ce péril ne peut cesser que par de nouvelles suretés ; il faut donc examiner si le remploi offert par le mari est sûr ; si les hypothéques sont réelles & libres ; si elles sont claires & liquides ; enfin si elles ont les caractères propres à la sureté & à la confiance. Ces hypothéques sont des gages & des cautionnemens ; on ne peut nier que tous ces objets ne demandent à être examinés avant de se les rendre propres ; comment une femme n'auroit elle pas cette liberté pour le plus impotant usage de la tranquillité de ses jours ? Ce seroit même une injustice visible de lui refuser cet examen, cette discussion, qui tend à s'assurer de la solidité de sa fortune & de celle de ses enfans contre les dissipations de son mari : ce seroit autoriser les prévarications que de refuser ce droit à la femme, puisque ce refus tend à ouvrir la

porte

porte aux fraudes d'un mari qui
apportera en remploi tout ce qu'il
lui plaira, perfuadé que perfonne ne pourra le contredire. Ce
refus tend à fermer la voie
des féparations, que les loix re-
gardent comme le frein des paffions de l'homme ; parce qu'une
femme étant fûre qu'elle ne pourra réuffir dans fa demande en féparation, par l'interdiction qui
lui fera faite de critiquer les
remplois offerts par le mari, fera
obligée de voir fondre fa fortune & celle de fes enfans ; enfin
refufer ce droit à la femme, c'eft
fe charger de l'injuftice du mari,
de la ruine d'une femme, &
du malheur de toute une famille.

Sur quels objets, dira-t-on, la
femme pourra-t'elle porter cette
difcuffion ? Si le mari lui apporte en remploi des hypothéques procédantes de fon Contrat
de mariage, elle n'a aucun droit

à cette difcuffion, les ayant reçûe une première fois ; & fe les
étant rendues propres, elle ne
peut les rejetter lors de fa demande en féparation : fon droit de difcuffion ne peut donc tomber que
fur les hypothéques acquifes depuis le mariage : voilà où fe réduit ce droit de difcuffion vis-
à-vis la femme.

CHAPITRE XI.

Une femme a le droit de discuter les remplois offerts par le mari, procedans même des biens de son Contrat de mariage.

C'EST beaucoup que d'avoir l'aveu qu'une femme a le droit de discuter les hypothé- ques qu'un mari apporte en remploi acquises constant le ma- riage ; car en lui avouant une fois ce droit, il ne peut être divi- sé ; donc la femme l'a également sur les hypothéques portées au Contrat de mariage, quoiqu'ac- ceptées par elle-même.

Par le droit Romain, la femme avoit préférence pour la répéti- tion de sa dot sur les biens du mari, préférablement à tous les autres créanciers hypothécaires du mari, même avant son maria- ge : dans ce cas cette femme n'avoit aucun befoin de difcuffion, attendu que tout lui fervant de fureté, tout lui étoit dévolu de plein droit : notre Droit Fran-çois ne donne pas cette étendue de préférence à la femme : elle ne court, cette préférence, que du jour du Contrat de mariage. La femme a donc pour lors un intérêt fenfible de connoître fi les hypothéques , quoiqu'apportées par le mari par ce Contrat de mariage , font exemptes de det-tes antérieures; parce que fi les créances antérieures abforbent cette hypothéque ; nul doute que cet effet n'appartient plus au mari , puifqu'il eft affecté à un tiers ; le mari eft deffaifi de la propriété incommutable de cette hypothéque ; il ne peut plus en difpofer. Autrement ce fe-roit forcer une femme à accep-ter un néant.. Mais c'étoit à la femme à faire cette difcuffion, lors de fon Contrat de mariage , dit-on, & elle n'y peut être reçue après l'avoir accepté. Qu'un mari eſt à plaindre quand il eſt réduit à employer un raiſonnement ſi frauduleux. La fraude peut-elle jamais ſe couvrir ? Et parce qu'un créancier aura trouvé bonnes les hypothéques à lui conſtituées par ſon débiteur, il ne ſera plus reçu à prouver qu'il a été trompé, après qu'il aura découvert la fraude des hypothéques qu'on lui aura conſtitué. Quelle erreur! ou plutôt, quel artificieux langage! Quoi, une femme aura beau prouver que le bien que ſon mari lui apporte en remploi, quoique admis en ſon Contrat de mariage, n'étoit point à lui avant ſon mariage? ou que ce bien appartenoit à un créancier? Il faudra qu'elle admette en remploi ces ſortes de biens, parce que le mari prouvera que la femme les a accepté dans ſon Contrat de mariage.

I iij

On ne penſe pas que l'on puiſſe faire ſérieuſement de pareilles propoſitions. Elles ſe font cependant & emportent une ſorte d'autorité ; ce qui eſt bien plus inconcevable. Dans toutes ſortes de Contrats, les fraudes même les moins apparentes ſont punies avec rigueur ; & dans le Contrat le plus ſacré & le plus inviolable, les fraudes les plus caractériſées tourneront en faveur de la main qui les aura commis ?

Mais dans ce Contrat de mariage ; eſt-ce telle ou telle hypothéque ; tel ou tel bien au choix du mari que la femme a accepté ? C'eſt une univerſalité de tous les biens du mari : cette univerſalité manquant, ne peut être remplacée que par un même remploi auſſi général, ou au moins équivalent à la ſureté de la dot. En un mot, que les nypothéques ſoient telles que le mari prouve évidemment que la dot n'eſt point en

péril : le mari a diſſipé le meil-
leur de ſa dot ; ce qui lui en reſte
n'a échappé à ſa diſſipation que
par le défaut qui régnoit ; défaut
que la femme lui reproche avec
d'autant plus de raiſon , qu'elle
prouve ou ſa non propriété , ou
les hypothéques antérieures dont
ce reſtant eſt grevé. C'eſt une
grace faite au mari de ne lui
poi t faire rapporter l'univerſalité des biens à elle affectés , &
ſur la foi deſquels elle a contracté. Un débiteur peut-il être
admis à d'autres remplois que
ceux qu'il a lui-même préſenté
en contractant ? Le créancier lui
oppoſera qu'il n'a contracté avec
lui que ſur la foi des hypothéques à lui conſtituées : qu'ayant
manqué à la condition , il ne
veut plus de nouveaux engagemens : ce changement par diſſipation eſt une premiere fraude
qui a lieu d'en faire préſumer
d'autres dans la ſuite d'un nouvel

engagement. Le Contrat de mariage fera donc le feul Contrat
en faveur duquel les fraudes feront ouvertes, autorifées & ap-
prouvées. Non - feulement une
femme a donc le droit de difcuter; mais encore fon droit & fa
faculté de pouvoir former l'action en féparation lui impofent
l'obligation de cette difcuffion.

Pour parvenir à l'effet de la
féparation de biens, la loi n'admet point de remplois; elle dit
que la femme répétera fa dot,
qu'elle la retirera des mains d'un
mari indigent. Or, un mari qui
a diffipé fes biens conftant le
mariage, eft - il bien propre à
faire un bon remploi? Ou plutôt
n'eft-ce point un appareil encore
plus frauduleux, à travers duquel
il cherche à diffiper ceux d'une
femme? Si les biens qu'un mari
a apporté en fon Contrat de mariage font grevés de dettes antérieures, ou ne font point à lui,

n'est-ce pas par une suite de cette premiere fraude qu'il apporte des remplois encore plus frauduleux ? Ces premieres fraudes qui ne peuvent jamais se couvrir, doivent seules être un moyen suffisant à la femme de retirer sa dot des mains d'un mari qui s'est emparé de sa confiance par la fraude, au mépris de la bonne foi, de la justice, & de l'équité.

Mais ces remplois faits après coup contredisent la loi. Elle ne dit point, cette loi, que le mari apportera des remplois : s'il est dans l'indigence ; il ne peut en rapporter ; car autrement il ne seroit plus dans l'indigence. La loi ne demande pas pour preuve de l'indigence du mari des ventes de ses biens, des aliénations de ses fonds ; elle suppose seulement un mari noyé de dettes, accablé de créanciers , *quando neque tempus neque finem neque modum expensa-*

rum habet. Quand la femme prouve que ce mari est dans ce cas ; qu'il rapporte tant de remplois qu'il voudra, une femme sera fondée dans sa demande en séparation, parce qu'un mari dans ce cas ne peut rapporter de biens qui ne soient la proie de ses créanciers.

Il reste sur cet objet la liberté que la femme a de prouver la dissipation de son mari par témoins ; liberté qui forme un droit à la femme d'une plus grande étendue de discussion que celle que l'on vient de traiter ; mais comme dans la suite on parlera de la voie d'enquête ; cet objet renfermera l'explication de celui-ci.

Le droit de discussion prouvé être un droit inhérent aux droits de la femme ; on ne voit plus rien en faveur du mari. Cependant on lui laisse encore une resfource ; ces maximes, dit-on, font trop outrées ; elles tendent à gêner la conduite du mari , & à lui rendre les liens du mariage odieux. Ce raifonnement eft faux , & l'attention à maintenir les droits d'une femme dans les termes de la loi contre les fraudes & les diffipations du mari, operera juftement un effet tout contraire ; c'eft ce que le Chapitre fuivant va démontrer.

CHAPITRE XII.

Une maxime si certaine tend à établir le bon ordre , & non à gêner la conduite du mari , & à lui rendre odieux les liens du mariage.

ON a dit au commencement du Chapitre précédent que la femme chez les Romains avoit préférence sur tous les biens du mari , relativement aux créanciers du mari , même antérieurs au Contrat de mariage. Comment ces Législateurs pouvoient-ils permettre à la femme l'action en séparation ; la dot ne pouvant jamais être en péril à cause de cette préférence? Cependant l'action en séparation avoit lieu , le mari tombant dans l'indigence. Aujourd'hui que cette préférence n'a lieu que du jour du Contrat de mariage , la femme lors de sa demande en féparation , n'aura pas le droit de difcuter les biens du mari & de prouver fon indigence ? Une telle conduitetend à gêner un mari & à lui rendre odieux les liens du mariage ? quel paradoxe !

Toute loi n'a pour but que d'empêcher l'homme de fortir hors de lui-même , de renfermer fes paffions dans un cercle qu'il ne puiffe paffer , d'obvier à l'arbitraire , & former l'ordre de la fociété. Le fouverain Créateur & Dominateur a reconnu que le cœur de tous les hommes étoit infecté d'une horrible corruption : l'amour de l'indépendance; une continuelle révolte contre fes ordres primitifs , font dans tous les hommes les paffions dominantes. Il a donné des loix pour en arrêter le progrès & en détruire les funeftes fuites. La loi étoit dure , elle gênoit les inclinations ; mais Dieu n'a pas vou-

lu pour cela feul anéantir fa loi.
Il a voulu au contraire, que
l'homme pliât fous elle. Les hommes fe font dictés à eux - mêmes
des loix ; mais ces loix n'ont pû
être que conformes au principe
de celles de ce feul Etre indépen-
dant. Nos loix gênent également
la paffion de l'homme ; elles tendent au même but de contrainte.
L'homme à beau crier, il faut
qu'il en porte le joug, ou qu'il
foit puni s'il la tranfgreffe.

Une maxime fi outrée, dit
un mari, tend à le gêner, & à
lui rendre les liens du mariage
odieux ; cette plainte qui part de
la corruption générale, n'eft pas
nouvelle. Jefus-Chrift annonçant
à fes Difciples la loi de l'indiffolubilité du mariage, entendit
pour réponfe, *& quis poteft falvus
fieri* (a). Jefus-Chrift annonçant
d'autres vérités inconnues aux

_____

(a) S. Marc, Chap. 10.

hommes, entendit pour réponſe, *durus eſt hic ſermo, quis poteſt eum audire* (a). Jeſus - Chriſt changea-t'il la loi? Ne prit-il pas au contraire à ſcandale une pareille réponſe : auſſi cette objection du mari que l'on réfute ici, eſt une réponſe qui porte un vrai ſcandale dans tous les cœurs ſenſés.

Les loix que les hommes ſe font impoſés à eux - mêmes, & dont ils ſont ſi exacts à faire ordonner l'exécution, ne ſouffriront-elles d'exception que pour un Contrat le plus ſacré, le plus indiſſoluble, & qui emporte avec ſoi une confiance, d'où dépend la liberté perſonnelle d'une femme, tel que les Contrats de mariage? Quoi, il pourra être permis à un mari d'uſer de fraude, d'artifice & de diſſimulation, pour s'emparer du bien d'une femme ? Quoi, il ſera permis à

(a) S. Jean , Chap. 6.

un homme, contre la bonne foi de ce traité facré, de nourrir une femme de douleur, de la vûe accablante d'une ruine iné-vitable? Ruine qui fera le parta-ge d'une famille déja fous l'op-preffion.

Cette maxime que le mari traite d'outrée, a-t-elle pû lui être ignorée? N'a-t'il pas fçu & connu les engagemens qu'il alloit contracter; que ces biens étoient la fureté de la dot de la femme, avec laquelle il s'engageoit? Qu'il ne pouvoit diffiper ni fes biens, ni ceux de fa femme? Qu'il étoit l'économe des uns & des autres? Que le tout étoit confié à fa pro-bité? à fon intelligence? & à la fageffe de fes lumieres? Qu'il fe rendoit criminel envers Dieu, envers la fociété, envers fa fem-me, en diffipant en maître ce qu'il étoit tenu de conferver en fidéle difpenfateur? A-t'il en con-tractant pû oublier qu'il devoit

être

être exact & fidéle dans l'apport
de ses biens ? S'est-il pû assez
deshonorer lui-même en surpre-
nant la foiblesse d'une femme ?
s'attirer sa confiance à ce titre ?
pour lui ravir des biens que cette
même femme dans la douleur,
une famille dans l'indigence &
toujours sous ses yeux, lui re-
procheront éternellement ? Lui
dont la qualité est d'être chef ;
& les opérations, de nourrir &
d'entretenir cette même femme,
qui ne lui est soumise qu'à ces
conditions. Dans quels excès
d'inhumanité n'entraînent pas
de pareilles fraudes ? De semblables révoltes contre la loi ? Et
quand de tels gens, qu'on peut
à plus juste titre, regarder comme autant de monstres, ne con-
tracteroient point de mariage, la
société y gagneroit infaillible-
ment : la sureté de cet heureux
commerce seroit rétabli, & l'E→

tat ne jouiroit plus que d'une heureuse tranquillité.

Cette maxime, bien loin d'être outrée, tend au contraire à fomenter & entretenir l'union entre le mari & la femme. Le mari convaincu du besoin d'une correspondance mutuelle avec sa femme, n'entreprendra rien, n'agira point sans un mutuel concert. Une femme sage & prudente s'abandonnera avec plaisir à la tendresse d'un mari, à la sagesse de ses desseins, à la justice de ses vûes. Ces noms vains & chimériques de maître seront inconnus ; le despotisme sera banni ; & l'un & l'autre n'auront qu'un même cœur. La tranquillité, le bon ordre régneront sous leurs yeux. Si dans de telles circonstances, le travail commun du mari & de la femme éprouvent de rudes échecs; ces époux de bénédiction remonteront avec rési-

gnation à la main qui les frappe ;
& en adorant ses coups, cher-
cheront les voies de se garantir
de leurs effets. Quelle heureuse
société qui ne seroit composée
que de pareilles personnes ? Quel
État plus florissant que celui qui
renfermeroit de pareils Sujets ?
Quelle union plus charmante,
si le Sacrement de mariage n'u-
nissoit que de pareils nœuds ?
C'est la Grace de ce Sacrement
qui peut les rendre tels ; c'est
le but de la loi d'arrêter la main
du coupable, & d'assurer ces
engagemens que contractent un
mari & une femme dans l'union
conjugale , contre le cri de ces
téméraires ambitieux, de ces vils
voluptueux & de ces hypocrites
sans foi & sans honneur , qui
traitent ces maximes de maximes
outrées qui leurs rendent odieux
les liens du mariage.

On a dit plus haut que les

erreurs que l'on se proposoit de
réfuter, ouvroient une voie spa-
cieuse aux avantages indirects ;
je vais le prouver dans ce dernier Chapitre par lequel je finirai
la premiere Partie de ce Traité.

CHAPITRE XIII.

Les erreurs réfutées ouvrent la porte aux avantages indirects.

EN effet, qu'un mari ne soit
point obligé de remployer la
dissipation qu'il a faite de ses biens
affectés à la sureté de la dot de
sa femme, portés en son Contrat
de mariage, ou à lui survenus
depuis, compris sous le terme
génerique des biens de ce même
mari ? Qu'il lui suffise de faire le
remploi d'une dot aliénée, en
tels effets que bon lui semblera,
dont il aura le pouvoir de disposer, si la femme n'obtient pas
l'effet de sa demande en sépara-

tion ; en effets , que la femme n'aura pas la liberté de discuter ; dès-lors voilà la porte spacieusement ouverte aux avantages indirects : en voici la preuve. Un mari sous le fastueux appareil de biens immenses , ou qui ne sont point à lui , soit qu'il en jouisse à titre de précaire , vrai ou simulé , soit qu'ils soient grevés de dettes qui les absorbent, séduira la confiance d'une femme riche & opulente. Le mariage se contracte ; le mari dissipera les biens de cette femme ; il dissipera les deniers ou les fera passer sous le nom d'un tiers, souvent aussi criminel que lui ; les trafiquera ou les négociera sous des noms empruntés. Une femme qui reconnoît sa fatale complaisance, qui se repent de sa trop grande facilité, a recours à la loi ; le mari lui oppose sa sécurité dans ses mêmes biens qu'il lui aura constitué, ou dans d'autres dont il aura ménagé les Contrats avec un art étudié. La femme ne pouvant les difcuter & faire connoître les brigues criminelles & les fraudes vexatives d'un mari, fera obligée de rentrer fous la puiffance de ce mari; & à fa mort, elle trouvera que la perte de fes biens fera fuivie de la miférable reffource d'une difcuffion de biens dont le mari n'avoit nullement la propriété; ou fi le mari furvit, il emporte les biens d'une famille, ruine fes enfans, & entraîne tout dans une horrible indigence. Les fraudes dans tous ces cas font infinies; & combien fe multiplieront-elles, fi la loi ne reprend fa force & fa vigueur? & fi la voie des féparations n'a pas lieu, dès que la preuve des fraudes eft évidente?

Combien la loi, nos Coutumes & la Jurifprudence ont-elles faits d'efforts pour trancher le

cours des avantages indirects? Elles y ont réussi : cependant ces ef-
fors seroient vains, si, à l'ombre
d'une crainte chimérique sur les
séparations de biens, ce cours des
avantages indirects reprenoit sa
force. Que cet avantage soit le
fruit d'une tendresse de la part
des Conjoints, contraire aux loix?
ou qu'elle soit le fruit de la violence & de la séduction de la part
d'un mari? l'avantage n'en sera
pas moins du côté du mari;
les enfans de la femme n'en seront pas moins ruinés. Le recours des enfans de quelque lit
qu'ils soient, ne sera pas moins
incertain, & un mari jouira de
l'objet de cette ruine par toutes
les ruses qu'il se sera pratiqué.

Dans ce cas de fraudes, malheureusement trop communes,
tout est suspect dans la main du
mari, & tout est favorable à la
demande d'une femme. On van-
te le risque que court un mari

dans l'objet de cette féparation; le rifque n'eft nullement égal : la demande en féparation, adjugée à la femme, ne fait courir aucun rifque à un mari, puifque cette femme ne fort point de la puiffance du mari, quant à l'aliénation de fes biens dotaux. Le refus de cette féparation fait au contraire tout rifquer à la femme; elle n'a plus de fureté ni pour le fonds de fa dot, ni pour le remploi de ce qui eft aliéné : un mari qui l'a furpris par la fraude, terminera par la violence. Le rifque eft donc tout entier du côté de la femme, & le mari n'en court aucun. L'autorité du mari; cette réelle autorité que lui donne l'union conjugale, n'eft point altérée ; il n'y a donc aucun motif de fcrupule à la diminuer par la féparation de biens ; fon autorité deviendra d'autant plus noble, qu'elle fera dégagée d'un bas intérêt & de

comptes

comptes qui en font inféparable-
ment les fuites. Le mari rentre
dans l'ordre de fa réelle inftitution ; la femme refte dans fa
primitive dépendance;& la crainte que cette femme n'éclate par
l'indépendance , crainte que le
mari fait fonner bien haut, ne fera
plus , comme elle l'eft en effet ,
qu'une crainte imaginaire.

Il y a fur cette matiere des
principes donnés avec plus d'é-
tendue dans le troifiéme & quatriéme volume de ces Effais de
Jurifprudence,qui traitent de l'o-
rigine , de la nature & de la néceffité du Douaire ; mais qui con-
venant plus particulierement au
Douaire , ont donné lieu de les
attribuer à cette queftion.

On pourra encore tirer des principes fur cette matiere dans le
Traité de la féparation de Corps
qui fuit ce premier volume , &
qui fait le fecond de ces Effais de
Jurifprudence.

Après avoir développé les effets d'une action en séparation, & le sens de la loi qui la régit ; après avoir détruit les erreurs qui ont malheureusement germés avec trop de fécondité jusques ici ; il est juste de démontrer la conduite qu'une femme doit tenir, pour entrer avec ordre dans cette action & recueillir l'effet de sa demande : c'est le sujet de cette seconde Partie.

ESSAIS
D'E
JURISPRUDENCE
SUR LA SÉPARATION DE BIENS
·ENTRE CONJOINTS.

SECONDE PARTIE.

De la conduite qu'une femme doit tenir pour recueillir les effets de la loi des Séparations.

SI une femme trouve dans les bras d'une loi infléxible un secours invariable contre les effets des dissipations d'un mari prévaricateur, d'un infidéle écono-

L ij

me; la femme de son côté doit mériter son suffrage par des régles de conduite dont le défaut ne se couvre que très-difficilement.

On a vû dans la premiere Partie que les moyens pour parvenir de la part d'une femme aux effets d'une séparation de biens, se tirent de l'infraction des devoirs ausquels un mari est essentiellement obligé. Il est juste de reprendre ici le même ordre, & de faire comprendre que les régles sur lesquelles est fondée une demande en séparation de biens de la part d'une femme, doivent avoir pour base le devoir d'une femme envers un mari : l'examen de ces devoirs n'aura d'autre étendue que celle qui a rapport à la question de la régie & administration des biens subordinement à un mari.

En général, il faut convenir que quelque soit la conduite d'une femme, elle ne doit entrer

dans aucune confidération relativement à l'objet préfent des féparations de biens. Si une femme
tient une mauvaife conduite, le
mari n'implorera pas en vain le
fecours de la loi ; cette queftion eft autre que celle dont il
s'agit ; mais telle qu'elle foit, cette conduite, il faut fe donner de
garde de jetter un regard indif-
cret fur cet objet, lorfqu'il n'eft
uniquement queftion que du feul
objet de la féparation de biens.
Communément cependant un tableau vrai ou faux d'une vie licencieufe d'une femme, eft l'annonce préambulaire qu'un mari
affiche. Si ce tableau eft vrai, il
eft hors de propos à la queftion
préfente, puifque la féparation
de biens ne fépare point la femme du mari. Si ce tableau eft vrai,
le public fuppofe avec raifonnement un confentement de la part
du mari, qui faifit l'occafion
de s'en plaindre, pour retenir

les biens d'une femme qui ne cherche, non pas à se souftraire de sa puissance, mais à lui ôter une administration dont elle le juge indigne; dès-lors une femme trouve dans les plaintes du mari une excuse publique, & le mari se couvre de confusion & de deshonneur de ses propres mains. Si ce tableau est faux, un mari a perdu tout sentiment; il est indigne d'habiter avec une femme qu'il deshonore gratuitement; & la juste punition qu'il encourt par cette conduite, doit être aumoins l'effet de la demande en séparation. D'un côté le Magistrat ne peut s'empêcher de jetter des yeux d'horreur sur le tableau fidéle d'une femme dont la conduite est deshonorante, & ce tableau fait un objet si sérieux, que la peine que mérite la femme, doit être celle de la resserrer plus étroitement avec un mari dont elle tâche de s'échapper ; fi au contraire le mari eft un calomniateur, il faut qu'il foit également puni pour avoir ofé ternir injuftement la réputation d'une femme vertueufe.

Le Magiftrat prudent & éclairé, fent parfaitement que la conduite d'une femme, telle qu'elle puiffe être , n'a aucun rapport avec la demande en féparation de biens ; mais l'homme fage & vertueux qui fe fépare difficilement du Magiftrat, ne peut s'empêcher de faire dépendre fa décifion de la bonne ou mauvaife conduite d'une femme : s'il voit, comme Magiftrat avec évidence les diffipations du mari, peut-il, comme homme, ne pas jetter des regards de réflexion fur les défordres d'une femme? Il eft vrai que les défordres dont un mari attaque une femme dans ces demandes en féparation dont il s'agit, font toujours dénuées de preuves; mais fi ces plaintes ont un certain public pour appui, la prévention fuffit pour contrebalancer fa demande : cette prévention faifit le plus jufte, mais ne doit être jamais l'objet de fa décifion ; les circonftances même des plaintes du mari doivent en arrêter les effets. Qu'importe au Magiftrat la vie d'une femme dès qu'il eft prouvé que fa dot n'a plus de fureté entre les mains d'un mari indigent, & qui a diffipé fon bien ; le mari ne s'eft pas plaint de la conduite de fa femme, & fa femme fe plaint à jufte titre de celle de fon mari. A tous égards cette prévention doit être une leçon aux femmes qui entrent dans la trifte carriere d'une demande en féparation de biens : cette loi doit être refpectable à toute femme dont l'honneur eft à l'épreuve de toute critique ; & très à

craindre de la part de celles dont
la conduite porte l'empreinte d'u-
ne indifcrétion marquée.

On ne parlera point ici de ces
femmes criminelles ; de ces femmes qui ont fçu fe faire un front
qui ne rougit jamais ; de ces
femmes diffipées : le deshonneur
de leur fexe, la honte d'un mari, & le fcandale du fiécle ; ce
font de ces monftres qui fouil-
lent le fanctuaire de la Juftice,
dès qu'ils y pofent un pied témé-
raire. La loi ne les envifage jamais que comme de malheureufes victimes, deftinées à la fureur
de fes vengeances ; auffi voit - on
peu de telles femmes implorer
fon fecours ; de telles femmes
fecouent bien vîte le joug mari-
tal; & un mari eft trop heureux
de s'en voir féparé par fon propre caprice. Quelle honte cependant feroit pour un tel mari,
une oppofition de fa part contre
la demande d'une femme fembla-

ble en féparation de biens ! Fondée fur fa conduite dont il ne s'eft
jamais plaint, & dont il fe plaint
au moment qu'il eft lui-même
prévaricateur envers elle, & que
l'accufation de cette même femme
me contre lui eft prouvée dans
toutes ces circonftances : deux
chofes effentielles auroient lieu
de furprendre ; la premiere, de
voir un mari qui jufqu'à cet
inftant auroit été le criminel
complaifant des défordres d'une
femme, dont il ne fe plaindroit
actuellement que rapport aux
reproches que cette même femme lui prouve de fes délits per-
fonnels. La feconde, de ce que
ce mari n'auroit d'autres reffour-
ces pour s'excufer, que les con-
tinuels défordres de cette même
femme ; lui qui a dû comme
chef impofer à la femme le terme de fes diffipations ; & comme maître recourir à la loi pour
retenir par force une femme

trop licencieufe. La loi pour lors feroit favorable à la femme dans le cas de fa demande, & attendroit à prononcer contre la femme fur les plaintes du mari, parce que ces deux plaintes ne peuvent fe confondre, & qu'elles demandent une décifion féparée; & en attendant la validité des plaintes du mari, la femme recueilleroit le fruit de la fienne. Eloignons donc d'ici de fi triftes objets, pour ne nous occuper que de la conduite de celles dont la vie eft ordinaire, qui n'ayant rien de vifiblement criminel, ménent cependant une conduite que la loi tient à fufpect.

Que les femmes ne s'y trompent point, leur conduite peut influer dans ces décifions; qu'elles s'appliquent les bienfaits de la loi fans vouloir s'en faifir par la violence. Qu'une femme en effet, dont la conduite ordinaire foit un amour décidé pour l'ex-

cès du luxe & de la diffipation ;
dont la vie eft un cercle conti-
nuel de jeu, de plaifir, de fpec-
tacles & de parties exceffives ;
qu'une telle femme trouve l'art
par fes continuelles féductions
de fe rendre un mari complaifant, qui lui enleve fa fortune ;
qu'une telle femme porte fes
plaintes contre ce mari, que fa
ruine lui rend odieux, afin de
facrifier fon revenu à la conti-
nuité de fa conduite ; une telle
femme peut-elle mériter toute
l'attention de la loi ? Le Magiftrat éclairé qui reconnoît dans
le mari une conduite fage &
difcrette, qui ne lui voit pour
tout crime que fa fatale com-
plaifance, & un amour décidé
pour en réparer les ruines, n'ou-
vrira pas fi facilement la porte à
la féparation : cette demande même en féparation de la part d'une
femme, eft une leçon pour lui
qui le tient fur fes gardes le refte

de ſes jours; & enviſageant ſans
ceſſe l'ingratitude des charmes
qui ont ſéduit ſa complaiſance, il
revient à ſes devoirs, & reconnoît
ſa faute pour la réparer avec plus
d'exactitude.

Il ſeroit à ſouhaiter que les
femmes puſſent concevoir qu'elles n'ont été créées que pour être
l'aide & la compagne du mari.
Il n'eſt pas bon, dit le Suprême
Auteur de la nature, *que l'homme
ſoit ſeul: faiſons lui un aide ſem-
blable à lui ;* (*a*) l'homme dans
cette primitive & heureuſe inſ-
titution, étoit déja le chef de la
femme, & la femme ſeulement
l'aide & la compagne du mari :
ſans ce beſoin relatif à l'homme,
la femme n'eût jamais exiſté :
auſſi par le péché de la premiere femme ; d'aide & de compagne du mari qu'elle étoit, elle
lui eſt devenue proprement ſou-

_____

(*a*) Geneſ. Chap. II. ỿ. 18.

mise. *Vous serez*, lui dit Dieu ; *sous la puissance de votre mari, & il vous dominera.* (a)

Ce pouvoir ainsi exprimé, d'où un mari de nos jours prétend faire dériver son autorité & sa puissance mal entendue, entraînoit dans ces tems éloignés un désordre étonnant, que toute la force des anciens Sages ne pouvoit arrêter ; le souverain Législateur, ce seul Sage par essence, envoyé aux hommes pour annoncer cette sagesse cachée pendant un si long-tems dans le sein de son pere, a appris que cet empire dicté par Dieu même, n'étoit qu'un empire d'amour ; il a lui-même comparé cette autorité du mari à l'égard de la femme, à l'autorité qu'il s'est lui-même formé sur cette chaste Epouse qu'il a pris sur l'arbre de sa douleur, dont Saint Paul donne

_____

(a) Genes. Chap. III. ℣. 16.

l'explication en peu de mots : *mulieres*, dit ce grand Apôtre, *subditæ sint viris suis, sicut Domino*, & comment? *Quoniam vir caput est mulieris, sicut Christus est caput Ecclesiæ*.

L'autorité du mari n'est ni un empire, ni une domination absolue ; elle n'est point non plus un droit de maître ; elle consiste, cette autorité, dans le titre de chef que le mari a à l'égard de la femme : & ce titre est pour la femme un titre respectable.

Le premier devoir d'une femme est donc le respect qu'elle doit à son mari ; ce respect est la clause essentielle promise sous la foi du serment à la face du Créateur qui en a porté le premier ordre ; il semble inutile de prévenir que ce respect ne consiste pas dans le choix des termes, dans l'ordre & l'arrangement de maximes composées ; mais seulement dans une union de cœur,

d'affection, de fentimens & d'a-
mitié ; dans un amour enfin de
l'ordre , de la fageffe , & de la
prudence.

Le fecond devoir d'une femme eft une conduite inviolable
de décence dans fon état : nulle
dépenfe fuperflue ; nuls plaifirs
ruineux ; nulle parure exceffive.

Le troifiéme devoir d'une femme eft une attention continuelle
à l'éducation de fes enfans, au
réglement de fon domeftique ,
au choix-fage & prudent du cercle de fes fociétés : enfin a un
amour décidé pour l'union, la
paix , & la tranquillité. Oppofer une inviolable patience aux
caprices d'un mari emporté ; la
douceur à l'efprit d'un mari al-
tier ; une modération exemplai-
re au milieu des diffentions in-
teftines de la maifon : toujours
occupée de tout ce qui peut lé-
gitimement faire plaifir à un mari ; s'entretenir de fes juftes dou-
leurs ;

leurs; fe réjouir de la réuffite de fes fages entreprifes : tels font en général les devoirs d'une femme ; devoirs qu'elle doit décidemment épuifer avant de fe déclarer pour l'action en féparation qu'elle médite : qu'une telle femme foit fûre que la loi s'armera en fa faveur ; qu'elle fe préfente avec confiance, elle trouvera un fecours affuré contre les perfécutions & les diffipations d'un mari, que fa conftance n'aura jamais pû vaincre, que fa patience n'aura pû calmer, que fes juftes allarmes enfin & fes refpectueufes remontrances n'auront jamais pû gagner.

Qu'une femme, encore une fois, ne s'y trompe point ; l'expérience doit la convaincre, que quand un mari fe trouve forcé de paroître à la face de la Juftice; que le public eft informé du fujet de divifion qu'annonce une deman-

de en féparation de biens ; le
mari opiniâtre & qui ne trouve
aucune reſſource , lance contre
ſa femme les traits les plus odieux,
les calomnies les plus noires : ſi
quelqu'imprudence , ou une vie
un peu trop libre ſans avoir rien
de criminel, ſe préſente aux yeux
du public , on n'excuſe pas le
tort réel du mari , mais on s'oc-
cupe du tort imaginaire de la
femme. Le mari ſe deshonore
lui-même , il eſt vrai , mais il
n'a rien à perdre ; cette effroya-
ble malignité forme toute ſa reſſource , & lui ſert de moyens
pour s'élever avec plus de hauteur contre la demande de ſa
femme : le Magiſtrat éclairé voit
l'impoſture du mari & eſt ſur
le point de le condamner ; mais
l'homme inſéparable du Magiſtrat , arrête ſon bras , & ſuſpend
ſon jugement. La loi ſe préſente au
Magiſtrat ; l'homme craint l'in-

dépendance d'une femme ; & ce Magiſtrat craignant de diminuer l'autorité du mari , peut confondre un crime imaginaire , de peur de donner trop d'étendue à la licence & au crime réel des autres femmes ; dès-là cette double crainte que l'on a prouvé, dans la premiere Partie être des craintes chimériques , l'emporte ſur la loi & fait triompher le mari.

Il eſt vrai que dans les demandes en ſéparation de corps cette prudence eſt admirable , la preuve évidente d'une telle conduite fait l'objet de la déciſion, & met le Magiſtrat en état de porter ſon jugement. Mais il n'en eſt pas de même dans les demandes en ſéparation de biens , où la conduite de l'un & de l'autre n'eſt jamais admiſe en preuve quant aux mœurs , & où la diffamation de la part du mari perd ſa force : la plainte du mari eſt hors de place : ce feroit déci- der fur un allégué fans fonde- ment; ce feroit condamner fur un crime imaginaire , puifque le mari n'eſt jamais admis en ce cas à faire preuve d'un crime réel. Cependant, il faut l'avouer, quoique ce fcrupule du Magiſ- trat paroiſſe pouſſé au-delà des juſtes bornes , il n'eſt jamais le fondement de fa décifion. Cette attention de fa part mérite des confidérations dont une fem- me ne doit jamais s'écarter ; c'eſt une leçon pour elle qu'elle doit refpecter & ne jamais perdre de vûe : plus une femme eſt mal- heureufe , plus elle doit être cir- confpecte; elle doit toujours avoir devant les yeux les différentes confidérations qu'un Magiſtrat fage & prudent fait ordinaire- ment fur ces fortes de demandes en féparation de biens : en voici une qui eft remarquable. Un mari allégue ordinairement les dépenfes exceffives qu'il a fait pour fa femme; cette raifon milite en fa faveur; mais il fembleroit qu'il y auroit lieu de diftinguer, fi le fait eft prouvé; fi l'amour de cette femme pour ces fortes de dépenfes eft un amour décidé, ou un amour qui auroit été momentané. Dans ces deux cas les confidérations ne doivent point être égales: au furplus, ces confidérations en général femblent devoir donner lieu à la demande d'une femme; parce qu'un mari tel, n'eft pas capable de gouverner, ni d'être le chef d'une femme. Qu'un homme libre diffipe fon bien par fa trop grande facilité, c'eft une imbécilité qui lui fait fubir la peine de l'interdiction. Adam rejetta fa faute fur la féduction d'Eve; Adam ne fut pas moins puni &

déchu de fon empire fouverain
fur tous les êtres créés. Une femme , au plus beau de fes jours,
retire de cette fatale complai-
fance d'un mari les folides réflexions qui la portent à rejetter
les folles dépenfes dont elle a pû
être innocemment la caufe : re-
venue de ce premier feu de la jeu-
neffe, de cette yvreffe, pour ainfi
dire, des plaifirs, aufquels un
mari inconfidéré l'aura fouvent
porté, pour en partager lui-même les fades délices , ne peut
rentrer dans fon devoir , que
par l'ordre qu'elle prétend mettre dans fes affaires ; & comme
elle ne le peut que par la voie
de la féparation, il femble qu'elle doive y être admife nonobftant ces confidérations ; puifque
cette demande ne la lie pas moins
à fon mari, & qu'elle ne peut
difpofer de fes fonds fans fon
confentement. Au contraire mê-

me, une femme dans cet état fe verroit la proie des créanciers d'un mari qui n'a plus rien , & hors d'état d'être foulagé lui-même par l'indigence où cette femme fe trouveroit par le défaut de la féparation.

Quoique cette confidération ne paroiffe nullement admiffible dans la queftion préfente ; elle eft toujours refpectable ; c'eft une leçon, comme la premiere , toujours précieufe à une femme fenfée, qui doit la porter à refufer ces marques extérieures de tendreffe de la part d'un mari ; marques qui partent toujours d'un fonds de diffipation dont le cœur du mari eft poffédé ; les fages remontrances d'une femme doivent arrêter cet efpece de débordement qui fouvent eft un piége de la part du mari ; piége que ce mari habile lui tend pour fe fournir des armes contre elle ,

lorfque tournant ailleurs fes diffipations, la femme venant à s'ap-
percevoir de fa ruine ; le mari
pour éluder fa demande en féparation, lui objectera les dépenfes
exceffives qu'il aura fait pour fes
propres plaifirs.

Les devoirs d'une femme ainfi
établis , & dans leur véritable
naturel , & tirés des confidérations du Magiftrat, il eft néceffaire d'entrer dans l'examen des
régles que doit fuivre une femme
pour avoir la confiance d'obtenir l'effet de fa demande en féparation de biens.

Le fonds de la queftion eft la
diffipation des biens du mari qui
ôtent à la femme la fureté de fa
dot ; les régles que l'on fe propofe d'examiner, font pour parvenir à la preuve de cette diffipation dont la femme fe plaint.

Il y a trois fortes de preuves
à apporter, les preuves tirées de
la

la loi ; les preuves par écrit , & les preuves par témoin : ces deux dernieres confirment les preuves tirées de la loi ; & comme elles font les plus étendues , on les divife , pour donner lieu de s'en former une idée plus diftincte.

CHAPITRE PREMIER.

Des preuves de dissipation, tirées de la Loi.

LA loi ayant renfermé l'ordre des séparations dans la seule indigence du mari, parce qu'elle met la dot d'une femme en péril ; il suffit à la femme de prouver cette indigence : cette indigence se prouve aux termes des loix énoncées dans la premiere Partie, en déterminant que la dot de la femme n'a plus de sureté.

Comment parvenir à la preuve de ces faits ? La loi en donne deux moyens : le premier, quand la femme prouve que ce mari n'a ni le tems, ni la faculté d'aquitter ses dettes, & que leur état surpasse ses forces, *quando neque tempus, neque modum, neque finem expensarum babet.* Le second, quand la femme prouve que le mari dépenfe plus qu'il n'a de revenu, *quando annuatim impendit plus quàm ex reditu;* ces deux loix n'ont befoin d'aucun Commentaire ; leur texte en démontre fuffifamment le fens : mais quels moyens emploiera la femme pour parvenir à faire la preuve de ce que la loi lui prefcrit? Ce ne peut être que par écrit & par témoins; ce font auffi ces deux moyens que la Jurifprudence ordonne , que l'on va faifir.

CHAPITRE II.

De la preuve par écrit.

L'INDIGENCE du mari forme, suivant la loi, le droit à la femme de se pourvoir en séparation ; parce qu'il lui suffit de prouver que par cette indigence, sa dot est en péril ; ce péril prouvé, sa demande doit avoir tout l'effet qu'elle a lieu d'en attendre. Mais cette preuve par écrit n'est pas aisée. Si cette femme joint à cette premiere action, une demande en remploi de sa dot aliénée, la preuve par écrit semble plus facile ; on s'attachera spécialement à ces deux sortes de preuves.

Il semble difficile, vient-on de dire, de prouver par écrit la dissipation des biens d'un mari, parce qu'il est difficile de prouver par écrit que ce mari est accablé de dettes ; qu'il n'a ni le tems, ni le moyen de les aquitter; qu'il dépenſe enfin plus qu'il n'a de revenu. Cette difficulté même a été reconnue ſi grande, que la Juriſprudence a fait une loi de la preuve par témoins.

En effet, le mari peut ſe trouver dans quatre poſitions principales. Il peut s'être marié à ſes droits ; une femme dans ce cas en ignore toujours l'étendue. 2°. Il peut avoir fait état de ſes biens actuels , dont le détail ſe trouve ou annéxé, ou faire partie du Contrat de mariage. 3°. Il peut n'avoir apporté que des ſommes, ou effets mobiliers. Enfin il peut s'être engagé dans les liens du mariage avec des ſeules eſpérances; ou même s'y être engagé ſans biens & ſans eſpérance. Il faut reprendre chacune de ces poſitions en particulier & les expliquer ſéparément, en admettant différentes réflexions.

N iij

PREMIERE RÉFLEXION.

Il eſt très-difficile à une femme
de faire preuve par écrit de la
diſſipation des biens d'un mari
qui ſont établis vaguement ſous
le terme général de ſes droits ;
ſoit que cette femme ait été mariée avec pleine liberté ; ſoit qu'elle ait été mariée ſous la puiſſance d'autrui : en ce cas l'évidence
de ces droits dans l'ignorance où
eſt cette femme, ignorance invincible de ſa part, eſt auſſi difficile à prouver que leur diſſipation ; mais la femme qui a le
droit de demander des ſuretés
pour ſa dot, peut demander au
mari ces ſuretés fondées ſur le
grand nombre de créanciers qui
l'aſſiégent & lui fondent un juſte
ſujet d'allarmes. Le mari pour
lors doit repréſenter ſes droits &
en détailler les natures ; ſi le mari les repréſente, elle entre dans
une double diſcuſſion ; dans celle

de propriété que prétend avoir le mari, & dans celles de l'affectation de ces mêmes droits à ses créances paſſives : ſi au contraire le mari n'en peut repréſenter aucuns ; la fraude de ſa part eſt viſible ; le défaut de ſuretés eſt conſtant, & l'effet de la demande en ſéparation infaillible.

SECONDE RÉFLEXION.

Si les biens du mari ſont détaillés ou annexés au Contrat de mariage : ou ces mêmes biens ſont diſſipés par des ventes & des aliénations ; en ce cas le mari ne les ayant plus en ſa poſſeſſion ne peut les repréſenter ; & la femme peut prouver par les actes même de ventes & d'aliénations, la diſſipation de ces mêmes biens : ou le mari les a encore en ſa poſſeſſion ; pour lors ſurvient la diſcuſſion & de la propriété relative

N iiij

au mari,& aux hypothéques aufquelles elle eſt affectée.

TROISIÉME RÉFLEXION.

Si le mari n'a apporté qu'une ſomme en nature de deniers, ou en effets mobiliers, le mari a été obligé d'en faire l'emploi pour ſureté de la dot : ou ce remploi a été fait ; en ce cas le mari en juſtifiera , & pour lors la femme emploiera la même diſcuſſion ; ou le mari n'en juſtifiera pas & ne pourra les repréſenter; en ce cas l'effet de la demande en ſéparation aura immanquablement lieu : ou enfin il repréſentera ſa dot en même nature ou équivalemment ; en ce cas le mari doit être forcé au remploi par forme d'interlocutoire, ayant eu aſſez de tems depuis ſa promeſſe portée au Contrat de mariage pour faire cet emploi, qui

ne lui eſt plus poſſible de faire
dans la poſition où il eſt de
créanciers qu'il ne peut nier, &
de défaut de ſureté pour la dot
de la femme qui eſt évident.

QUATRIÉME ET DERNIERE RÉFLEXION.

Le mari enfin peut s'être engagé dans les liens du mariage avec
des eſpérances, ou fondées ou
ſervant d'ornement au Contrat
de mariage ; il peut même s'être
engagé dans ces mêmes liens ſans
aucune mention & de biens &
d'eſpérances. Au premier cas, la
femme ne peut demander de ſureté pour ſa dot, que lorſque le
mari aura diſſipé les eſpérances
qui lui feront échues avant la demande en ſéparation. Si ces eſpérances ne lui ſont point échues ;
pour lors, le nombre des créanciers dont il eſt ſurchargé ſervi-

ra de moyen & de preuves à la
femme pour obtenir l'effet de sa
séparation ; la femme dans ce
cas s'attachera à suivre le même
plan de conduite que lui a tracé
la premiere de ces réflexions.
Au second cas la femme n'a aucun droit de demander la sureté
de sa dot à un mari qu'elle a reçû elle-même dans ses bras au
sein de l'indigence ; elle n'a cette voie que dans le cas où elle
prouveroit que ce même mari met
en péril imminent sa dot que son
indigence ne lui permettra pas
de restituer, vû les dettes excef-
sives que ce mari a contracté :
mais un mari dans toutes ces
circonstances aura soin de diffimuler & de cacher ses ventes &
aliénations : dans ce cas elle agira pour les découvrir par la voie
du compulsoire : elle aura l'a-
dresse de découvrir & de s'assurer des tiers détempteurs ; elle

pourra même se pourvoir de baux & autres actes faits par les acquéreurs; elle implorera le secours du Contrôle, & les insinuations lui seront d'une grande ressource.

Les preuves par écrit de la dissipation de la dot d'une femme lui sont plus faciles, parce que cette femme étant partie aux actes d'aliénation qu'elle a signé, on ne peut les lui refuser; à tous égards elle a toujours lieu de s'en souvenir avec exactitude.

Il y a encore une autre sorte de preuve par écrit qu'une femme doit embrasser avec un soin extrême; ce sont les actes & procédures des créanciers du mari; les assignations; les saisies; les jugemens; leur poursuite: une femme doit avoir attention de se fournir de tous ces moyens avant de former sa demande, & se mettre en état de prouver par tous ces

témoignages le péril de sa dot;
parce qu'un mari est absorbé de
dettes si immenses, qu'il en est
accablé ; parce qu'elle prouve
qu'il dépense plus qu'il n'a de
revenu, & qu'il n'a ni le tems,
ni les facultés de payer ses dettes,
qui sont les seules preuves que
la loi requiert pour parvenir à
l'effet de sa demande en séparation.

Pour parvenir de la part d'u-
ne femme à de telles connoissances, elle n'a que la patience à
opposer à la conduite de son
mari & une sage prévoyance
qui la porte surtout à s'interdire
toutes signatures en faveur de
son mari ; elle peut être assurée
que le mari employera ruses,
promesses, fraudes, sollicitations
pour venir à bout de sa facilité ;
rien ne doit détourner une femme d'un refus inflexible. Elle ne
doit point s'écarter du respect

qu'elle lui doit, perſévérer dans
la conduite qu'elle s'eſt impoſée
à cet égard, ſe tenir même dans
une plus exacte circonſpection,
ſe renfermer davantage dans ſes
devoirs ; nulle eſpéce d'emporte-
ment de ſa part, nulle colère, &
enfin ne donner au mari aucun
lieu de défiance, ni occaſion de
ſe plaindre d'elle ; car ſi elle agiſ-
ſoit autrement, le mari en pren-
droit le droit de la décrier, de
ternir ſa réputation ; droit qui
deviendroit ſa ſeule reſſource, &
qui pourroit faire manquer à la
femme la découverte des preuves
auſquelles elle s'attache. Une
femme munie des preuves par
écrit en tout ou en partie, & ne
s'écartant point du plan de conduite qu'on lui trace ici, peut
s'adreſſer enſuite à un conſeil
ſage & prudent dont elle ſuivra
exactement les lumieres. Qu'elle
ſe reſſouvienne ſurtout que la
précipitation peut faire échouer

ses justes desseins; qu'elle ne perdra rien à attendre ces momens précieux qui doivent décider de son sort; & qu'elle risque tout par une demande trop précipitée; qu'avant de commencer son action, elle ait soin d'être munie de toutes les preuves nécessaires, ou d'une considérable partie.

Voilà à peu près tout le conseil que l'on peut donner à une femme pour se munir de preuves par écrit; une femme seroit mal reçûe dans une telle demande si elle n'avoit pour ressource que la seule voie de la preuve par témoins : ce seroit de sa part une inquisition réelle dans laquelle la liberté d'un mari seroit mal-à-propos enveloppée, si sans commencement de preuves par écrit, telles qu'on vient de les expliquer, elle pouvoit demander une séparation qui n'aboutiroit qu'à faire rendre compte à un mari : ce seroit même un dé-

fordre inouï dans la fociété, &
une réelle fervitude contre lui,
qui aviliroit fon autorité, & dé-
truiroit la puiffance qu'on ne
peut lui ravir. Il faut des raifons à une femme, des raifons
légitimes & fondées pour fe pourvoir en demande en féparation;
pour avoir lieu de faire enquête
de la conduite d'un mari; lui demander compte, & former la
difcuffion de fes hypothéques &
de fes remplois: mais une femme qui s'annonce par un commencement de preuves par écrit,
& des diffipations de fon mari
& de fes dettes, qui joint à ces
preuves celles de la diffipation
de fes propres biens ou du péril
extrême de fa dot, peut avec confiance fe préfenter & pourfuivre
fes preuves par la voie de l'enquête; cette voie lui eft légitime-
mement ouverte, & ne peut,
fans contrevenir à la loi, & fans

injuſtice, lui être refuſée. Plus les raiſons qu'un mari fournira pour s'y oppoſer feront preſſantes, plus elles devront être enviſagées comme ſuſpectes ; c'eſt une fraude réelle qu'il emploie pour détourner des yeux de la Juſtice la connoiſſance de ſes diſſipations, & empêcher le Magiſtrat de décider avec connoiſſance de cauſe.

CHAPITRE

CHAPITRE III.

De la preuve par témoins.

TOUT le monde eſt convaincu qu'une femme ſous puiſ-
fance de mari , ignore la conduite & les actions de ce même
mari : ſi cela eſt vrai en général ,
cette conduite de ſa part devient
plus ſecrette lorſqu'il veut cacher à ſa femme les diſſipations
qu'il fait ſous les voiles d'une
exacte probité. Dans une telle
poſition , un mari écarte des
yeux d'une femme tout ce qui
peut lui être nuiſible ; un mari ne
laiſſe à découvert ni Titres , ni
Contrats , encore moins ſes obligations & actions paſſives ; il
renferme le tout ſous le ſecret le
plus exact ; ſon cabinet eſt inac-
ceſſible aux recherches d'une
femme : c'eſt cette conviction

que donnent le droit de mari &
l'expérience journaliere ; c'eſt
cette conviction qui, conformément à la loi, a décidé la Juriſprudence à ordonner la preuve
par témoins pour préalable, en
faveur d'une femme au commencement de ſon action.

Il a parû juſques ici un grand
défaut dans ces ſortes d'enquêtes ; on ſe contente de termes
vagues & indéterminés : il eſt
donc bon de diſtinguer ici quelle doit être la forme de ces ſortes de preuves ; & avant d'entrer en matiere ſur ce ſujet , il
eſt néceſſaire de conſidérer trois
formes de demandes en ſéparation de biens ; la ſéparation concertée , la ſéparation volontaire,
& la ſéparation contradictoirement prononcée ; c'eſt-à-dire,
par demande & oppoſition ſérieu-
ſes de la part des Conjoints.

PREMIERE RÉFLEXION.

On ne connoît point dans nos mœurs de féparation concertée, parce que l'on ne connoît point la fraude qui eft toujours le fondement de ces fortes de féparations : elles font fort communes entre les Marchands & Négocians , quoiqu'elles leurs foient exactement défendues par l'Ordonnance du Commerce de 1673 : elles font fort communes entre gens d'affaires, & entre tous ceux qui courent à l'aventure le fort de la fortune ; mais ces fortes de féparations étant dénuées de moyens folides, de connoiffance de caufes & des formalités néceffaires, font toujours détruites avec juftice, & profcrites avec horreur. La clandeftinité les a enfantées, elles rentrent dans leur inexécution ; la fraude en a été l'artifan, la juftice ne les peut connoître ; auffi voit-on un mari

O ij

qui, preffé par la fureur de la multitude de fes créanciers, s'emploie à faire valoir au commencement la demande d'une femme en féparation, & quand il a pû parvenir à modérer l'impétuofité de ces mêmes créanciers, il fait valoir en caufe d'appel cette féparation volontaire comme une féparation concertée ; il faut avouer qu'un mari qui fe fert d'une pareille confufion d'idées, ne fonge pas à fa propre réputation , puifqu'il aime mieux s'expofer au blâme d'un frauduleux expédient dont il fe pare pour faire tomber la légitimité de la féparation ; c'eft donc pour ôter abfolument toute équivoque, que l'on parcourt ici ces différentes formes de demandes en féparation.

SECONDE RÉFLEXION.

La féparation volontaire eft bien d'une autre nature, le mari

accablé fous le poids de fes dettes, envifage foit fa propre fituation , foit celle de fa femme, &
de fes enfans, d'un œil de douleur ; il engage lui-même fa femme à former cette demande ; la
femme lui tend les bras ; elle
la forme fur le fondement réel
& prouvé , foit des diffipations
des biens de fon mari, foit de fa
dot aliénée ; l'enquête eft ordonnée ; le mari choifit les témoins, leur fait dire vaguement
ce qu'il leur met à la bouche ; la
Sentence intervient , & tout en
refte là ; cette enquête vague eft
toujours un piége que le mari
tend à la femme , puifque nous
voyons fouvent le mari revenir
contre cette Sentence par la voie
d'appel, & s'oppofer à une enquête plus étendue, parce que la
premiere ne peut fuffire. C'eft à
ce piége que l'on en veut dans
l'examen que l'on fe propofe de
faire fur ces fortes d'enquêtes.

Il eſt donc facile de ſe convaincre ici que la ſéparation concertée n'a aucune liaiſon avec la ſéparation volontaire, & qu'elles ſont fort diſtinctes & ſéparées l'une de l'autre.

TROISIÉME RÉFLEXION.

La ſéparation contradictoire eſt celle qui ſe forme ſur la demande de la femme, & ſur l'oppoſition réelle du mari, à laquelle il n'y a ni concert, ni volonté mutuelle; c'eſt une femme dont la dot eſt en péril, ou dont la dot eſt diſſipée, qui ſe plaint d'un mari qui veut à toute force retenir cette même dot ſous ſa puiſſance, en s'efforçant de prouver que la demande de ſa femme eſt fondée ſur l'impoſture.

Pour parvenir de la part d'une femme à l'effet de ſa ſéparation, l'enquête doit être fondée ſur quatre principaux moyens. C'eſt ce défaut qui se rencontre toujours dans ces enquêtes en première instance, qui fait échouer, quoique mal-à-propos, les demandes en séparation en voie d'appel; c'est ce défaut que l'on a entrepris de détruire, pour rendre les enquêtes telles qu'elles doivent être, & soustraire à l'artifice & aux fraudes du mari tout l'effet qu'il en attend; l'on vient de voir dans l'explication que l'on a donné de la séparation volontaire, le piége que le mari tendoit dans la forme vague & indéterminée qu'il donnoit à ces sortes d'enquêtes; il faut donc lui ôter cette misérable ressource; & pour cet effet, expliquer la forme véritable dans laquelle ces enquêtes doivent être exécutées, & le reméde qu'on peut y apporter, en cas d'appel.

CHAPITRE IV.

De la forme des enquêtes.

ON a dit plus haut que ces enquêtes avoient pour objet quatre principaux moyens : le premier doit tomber sur l'exposé de la conduite du mari, ses dissipations & le péril de la dot d'une femme, ou encore existante ou dissipée en tout, ou en partie. Les témoins doivent être pris du nombre de ses plus anciennes connoissances qui marquent de lui une conduite toujours portée à la dissipation.

Le second moyen est d'avoir des témoins qui puissent parler en connoissance de cause des aliénations des biens du mari, des hypothéques passives, & des dettes personnelles de ce même mari; qu'autant qu'ils pourront, ils fassent leur rapport de chaque

que nature de dettes & des actes ; des personnes qui auront
constitués ou prêtés à ce même
mari , de la quantité de la som-
me dûe à chaque particulier ; du
Notaire , s'il est possible , qui en
aura passé les Actes : les interro-
ger sur les personnes qui peuvent avoir plus de lumieres ou
d'éclaircissemens qu'eux-mêmes,
pour être appellés en témoignage : de l'usage , s'il se peut encore , que ce même mari aura fait ,
ou des Obligations, ou des Contrats de constitution , dont les
deniers lui auront été délivrés ;
enfin que la femme mette un tel
ordre dans les différentes questions qui pourront être faites
aux témoins ; ordre qu'elle aura
remis par forme judiciaire ès
mains du Juge qui forme l'enquête ; qu'elle ne puisse avoir aucun reproche à se faire , & que
le Juge soit à portée de décider
avec connoissance de cause.

Tom. I. Part. II. P

Le troifiéme moyen confifte en ce qu'une femme qui fe dif-pofe à une demande en féparation, s'éclairciffe fi bien elle-même, qu'elle puiffe avoir un état bien circonftancié, ou au moins des indices fuffifans pour exi-ger fur chaque fait la force du ferment auquel les témoins font liés, de façon qu'elle puiffe y appeller en témoignage les pro-pres créanciers du mari ou ceux qu'elle foupçonnera être tels, qui doivent être interrogés fur les dettes du mari ou perfonnelles ou étrangeres à eux-mêmes, & fur lefquelles ils font tenus de répondre à titre d'appellés comme témoins ouis en l'enquê-te; du nombre defquels doi-vent être appellés ceux fur qui la femme n'aura pas de preuves par écrit, ou fur lefquels elle aura des foupçons biens fondés.

Le quatriéme moyen eft la réferve que fera une femme de fe

pourvoir par la même voie, pour
tout ce qu'elle pourra découvrir de dettes ou moyens à elle
favorables par la fuite, tant dans
la pourfuite de l'Inftance, qu'en
cas d'appel, jufqu'à l'Arrêt définitif. Cette réferve eft d'autant
plus précieufe à la femme, &
d'autant plus réguliere, qu'elle
ne peut comprendre dans fon
enquête que les faits parvenus à
fa connoiffance, & que l'enquête ne lui eft permife que pour
faire preuve par témoins des faits
qu'elle ne peut prouver par écrit.
Cette enquête lui eft d'autant plus
permife, que le Magiftrat ne
peut décider qu'avec connoiffance de caufe; & cette connoiffance
ne pouvant être exacte que par
l'information des faits que la femme adminiftre, il faut de néceffité admettre la femme à la preuve
de tous les faits qui furviennent
à fa connoiffance : par cette derniere précaution, la premiere

enquête ne fera jamais complette qu'au jugement définitif, qui renfermera & les précédentes, & toutes celles qui fuivront, même en caufe d'appel, dès qu'elles feront demandées fur faits nouveaux; enquête qui doit avoir lieu en caufe d'appel, nonobftant celle faite en premiere Inftance; enquête fans laquelle il n'eft pas poffible de décider réguliérement. Ce font deux propofitions qu'il faut mettre dans tout leur jour.

PREMIERE PROPOSITION.

Enquête en premiere Inftance.

Il eft certain que dans l'état de dénuement des preuves par écrit, qu'une femme recherche pour completter fon enquête; elle ignore la conduite & les actions de ce mari : il eft conftant que cette ignorance invincible de la part d'une femme a fervi de fonde-

ment pour l'autorifer à la preuve
par témoins ; d'où il faut admettre avant de conclure qu'une
femme ne peut recevoir de lumieres fur cette conduite & fur
les actions fecrettes du mari que
par dégré ; & que quoique la
premiere enquête toujours intro-
ductive de l'inftance lui ait fourni des preuves fur les faits parvenus jufques-là à fa connoiffance, il en peut refter encore
beaucoup d'autres dont la femme n'eft inftruite que dans le
cours de l'inftance ; & fi les premiers faits ont inftruits le Juge ;
les autres ne font pas moins fa-
tisfaifants pour une décifion qui
dépend de la connoiffance entiere des faits ; dans cette pofition ; où la femme a fait une réferve dans la précédente enquête,
d'y pouvoir augmenter à mefu-
re des nouvelles connoiffances
qu'elle aquerera ; ou elle ne l'a
pas fait : au premier cas l'enquê-

te ordonnée par le Juge de nouveau, eſt une continuation ; au
ſecond cas, c'eſt une addition ;
mais toujours une ſuite néceſſaire
de la demande en ſéparation qui
ne peut lui être d'autant moins
refuſée, que la connoiſſance de
l'exactitude des faits eſt une des
formalités requiſe & indiſpen-
ſable : mais il eſt toujours plus
ſûr & plus convenable à l'ordre
d'une Juriſprudence conſtante,
qu'une femme faſſe toujours ſes
réſerves à chaque enquête, parce que ne les faiſant point, elle
regarde ſon enquête précédente
comme complette ; ce qui induit,
ou peut induire en erreur.

SECONDE PROPOSITION.

Enquête en cauſe d'appel.

Ces mêmes maximes ont lieu
en cauſe d'appel : le mari peut
donner lieu lui-même à de nouvelles découvertes, d'où les réflé-

xions de la femme peuvent la faire parvenir à de nouvelles inftructions fur de nouveaux objets de diffipations, comme de ceux qui ont eu cours depuis la premiere inftance. On ne peut douter que le cas d'appel ne foit une continuation de la premiere inftance, furtout en fait de connoiffance de faits qui font fujets à la demande. Quel feroit donc le motif qui pourroit engager le Magiftrat, en cas d'appel, à priver la femme d'une enquête, ou par continuation, ou par addition fur des faits nouveaux, qui tendent à l'éclairer de plus en plus? Ce ne pourroit être, ou que parce que cette enquête feroit inutile, parce que la diffipation du mari feroit clairement prouvée par les enquêtes faites en premiere inftance ; ou parce que l'Ordonnance ayant prévû le cas, auroit donné un ordre contraire. Au premier cas, les

P iiij

preuves de la femme étant regar-
dées comme suffisantes, l'enquête par elle requise ne peut rien
ajouter aux preuves dont le Magiftrat ne soit lui-même saisi en
fa faveur : au second cas, ce feroit de fa part une injustice réelle, puisque l'Ordonnance ne le
défend pas, mais qu'au contraire une exacte Jurisprudence exige de juger fur une connoissance de cause bien évidente : or,
fi les enquêtes faites en premiere
inftance ne font pas affez con-
cluantes ; que la femme en demande une nouvelle fur nouveaux faits ; le Magiftrat s'interdit donc le droit de s'instruire
en contredifant formellement
la loi naturelle, & fon devoir
effentiel.

Nul doute que l'application de
ces principes ne doive être admife
dans une enquête fur la demande
en féparation de biens contradictoire ; nul doute que pour

éviter le piége que tend un mari dans la demande en féparation volontaire, en formant une en-quête vague & indéterminée, il ne foit néceffaire qu'une femme fe propofe de pareilles enquêtes, dans le même ordre, dans la même forme & dans les mêmes réferves que celles ci-deffus ex-pliquées. Le mari n'aura plus lieu de fe plaindre & d'objecter que fa femme nedemande en cas d'appel une nouvelle enquête que pour éternifer le procès, contre la difpofition de l'Art. XXXIV, Titre XXII de l'Ordonnance de 1667. La femme aura pour lors lieu de lui répondre, qu'elle tend à prou-ver par fa demande une fuite de créances qu'elle ne peut dé-couvrir que par le laps de tems; que tant que le procès dure, ce laps de tems court en fa faveur pour former la preuve qu'il n'a ni le tems, ni le moyen de four-nir à fes dettes; qu'enfin il dé-

pense plus que son revenu ; que
les faits qu'elle articule de nouveau ne cessent de prouver ses
dissipations dont la preuve produit l'effet de la demande qu'elle
a formée ; elle lui prouvera qu'elle en a fait ses réserves en premiere instance, & que c'est la faute
de ses dissipations trop étendues
qui retardent la décision, & non
la demande des preuves qu'elle
exige, qui ne peut lui être interdite.

. L'Article de l'Ordonnance que
l'on vient de citer ne peut être
qu'une citation d'un mari qui est
peu accoutumé à l'ordre des loix:
car cet Article ne parle nullement de défenses de nouvelles
enquêtes, ou par continuation, ou
par addition ; cet Article n'a en
vûe que la défense de l'Enquête
respective de la part du mari qui
auroit négligé de faire la sienne
dans le tems prescrit ; c'est-à-dire, lorsque la copie de l'enquête

faite contre lui, lui auroit été
duement fignifiée ; enquête qu'il
ne peut faire, le tems paffé, même en caufe d'appel : encore en
cet endroit le Commentateur de
cet Article lui donneroit-il per-
miffion d'en provoquer une fur
faits nouveaux, même en caufe
d'appel. On ne peut donc qu'ê-
tre étrangement furpris de voir
tant d'erreurs fe gliffer au milieu
de faits fi fimples & fi uniformes.

Rien de fi conftant qu'une demande en féparation exige de la
part d'une femme des préparatifs effentiels, qu'elle ne peut trop
étudier ; elle doit les pouffer ces
préparatifs, jufqu'au plus léger
fcrupule, & ne point s'embar-
quer fur une mer fi orageufe
qu'avec les précautions les plus
réfléchies ; qu'importe à un mari
de triompher par la forme, s'il
ne peut triompher par le fonds ?

Outre ces régles effentielles, il
y en a encore d'autres auffi né-

cessaires : les unes dépendent de
la nature de la cause ; les autres
de la procédure. On ne prétend
point entrer dans la discussion
de ces dernieres ; c'est à la femme
à prendre un bon conseil pour
se conduire avec intelligence &
avec prudence : quant à celles
qui dépendent de la nature de
l'action , on va faire en sorte
de les détailler dans toute leur
étendue.

CHAPITRE V.

De la suite des régles indispensables pour l'effet d'une demande en séparation de biens.

PREMIERE RÉGLE.

DEUX Magistrats respecta-bles (*a*) qui ont bien voulu jetter les yeux sur cet ouvrage, ont souhaités qu'il fût fait un dé-tail des différentes fraudes qu'un mari pouvoit employer pour en-lever la fortune d'une femme, & de ce détail remonter aux moyens dont une femme peut se servir, ou pour se garantir des effets de la mauvaise conduite d'un mari, ou pour en prévenir les suites. Ces Magistrats ont sen-ti combien il étoit intéressant

_____

(*a*) M. * * * Président à Mortier au Parle-ment de Paris. M. * * * Conseiller au même Parlement, Quatriéme Chapitre des Enquêtes.

d'éclairer l'Etat fur une queftion
fi importante, & l'avantage qui en
réfulteroit à la fociété ; ils ont ap-
perçu que l'intérèt du général
fe fubdivifoit à chaque Citoyen,
qui déja timide dans le Traité
des Contrats de mariage , deviendroit par la fuite trop difficile à abandonner une fille ché-
rie ; qu'une veuve , fortant du
précipice , ne fe réfolveroit jamais à contracter de nouveaux
engagemens ; ce qui produiroit
un tort réel à cette même fociété.
L'exemple fi commun de nos
jours de ce lien devenu fi fatal ,
l'interdit à toute fille ou veuve
fenfée ; un pere tremble au nom
des époux de nos jours ; leur hy-
pocrifie fait craindre le plus fin-
cerement vertueux : en décou-
vrant donc ces principales fraudes, on y joindra un remede d'autant plus certain qu'il fera proportionné au mal , & qu'il pré-
viendra les effets de ces maris

diffipateurs par caractère : leur autorité confervée fera refferrée dans une néceffité de dépendance d'une tendreffe mutuelle, qui confervant l'harmonie facrée qui doit régner , mettra la femme dans la fureté de fa fortune.

L'Auteur , pénétré d'une vérité fi certaine ; dans le défir d'être utile à fes Compatriotes , & de leur prouver fon zéle & fes foins , va s'attacher dans le moment à ajouter au deffein qui lui eft prefcrit les régles qui font le fujet de ce Chapitre.

· Les régles les plus générales qu'une femme doive fuivre pour fe conduire à l'effet de fa demande en féparation de biens, font celles qui partent des fraudes du mari les plus généralement reconnues ; on en a fpécifié plufieurs dans le cours de ces Effais ; tantôt en forme de difcuffions ; tantôt fous la face de différens portraits ; on les reprendra

dra ici sous un point de vûe distinct, en y joignant celles que l'on auroit pû avoir oublié.

Si nous ne voyons point de loix distinctes contre les fraudes qu'un mari peut commettre dans l'apport de biens qu'il fait au Contrat de mariage ; ce n'est pas que les Romains n'ayent eu cette fraude à grand mépris, ni qu'ils l'ayent favorisée au point de ne les pas regarder comme des moyens suffisans de séparation ; puisque sans avoir égard à cette discussion, ou pour en prévenir la légitime demande, la femme avoit la préférence sur les biens du mari, contre les dettes de ce même mari, antérieures au Contrat de mariage. Qu'un mari apporte des biens, ou qui ne sont point à lui, ou qui sont grévés de dettes qui les absorbent ; un tel apport respire une fraude si grossiere, que la seule preuve doit engendrer la séparation ;

cependant,

cependant, dit-on, on ne voit aucune loi qui défende au mari ces tours d'adreſſe ; c'eſt à une femme à s'en informer ; & dès qu'elle les a accepté, regardant le mari, ou comme propriétaire, ou franc de toutes dettes, elle n'a plus lieu de revenir contre ſon approbation ; c'eſt pourquoi une femme ne peut jamais ſe ſervir de ce moyen pour l'effet de ſa demande en ſéparation.

Avant de frapper d'anathême un langage ſi contraire à la pureté de la juſtice & à la probité dont notre Nation a droit de ſe piquer, propoſons ici quelques exemples frappans.

Un créancier qui ſe fait conſtituer des hypothéques dont il a eu lieu de s'informer, eſt-il forcé de ſe les rendre propres quand il a découvert que ſes mêmes hypothéques n'appartiennent point à ſon conſtituant ? ou qu'ils ſont

grévés de dettes antérieures ?
N'est-il pas reçû à se pourvoir
même par la voie des peines, autrefois si graves du Stellionat ?
Tout Contrat ne doit-il pas
avoir pour base la bonne foi ?
Et la mauvaise foi ou les fraudes se couvrent-elles jamais ? Si
elles s'apperçoivent, & qu'elles se
prouvent ; la loi n'a-t-elle plus
en réserve les peines proportion-
nées & à la nature du délit, & à
la nature du Contrat ? Plus ce
Contrat est sacré, plus les peines
doivent être exactes; plus ce Contrat est commun & nécessaire à
la société, plus les peines doivent
être griéves & constamment ap-
pliquées. Le Contrat de mariage sera donc le seul excepté ? Un
mari pourra impunément séduire
une femme ? la faire consentir à
s'abandonner, elle & sa fortune,
sur la foi des biens qu'une fraude grossiere lui aura menagé; &
de telles fraudes serviront encore

d'ornement à la fubtilité de fon adreffe, fans courir le rifque d'aucune peine : fi les Romains n'ont jamais prévu ce cas, comme s'autorifent ceux de ce fentiment, c'eft qu'eux - mêmes avoient coupés court à cette fraude en ordonnant, comme on l'a vû; que la femme auroit la préférence pour fa dot fur tous les biens apportés par le mari à tous créanciers antérieurs, même au Contrat de mariage; & que la féparation avoit lieu, dès que la dot étoit en péril par défaut de fureté & d'hypothéques. Que cette loi fi fage reprenne fa force dans ces tems malheureux, la femme aura pleine confiance; cette loi aura fa force fur les créanciers antérieurs; mais qu'auroit-elle oppofé à un mari qui par fraude auroit apporté des biens dont ce mari n'eût pas été propriétaire? La même loi qui régne parmi nous, qui eft celle

Q ij

de la féparation ? le défaut de
fureté de la dot de la femme doit
lui obtenir l'effet de fa demande
en féparation ; la femme doit , en
un mot, répéter fa dot. La loi fait-
elle diftinction des biens apportés par le mari au Contrat de
mariage ? Les regarde-t-elle comme conftans , parce qu'ils font
couchés avec autenticité fur une
feuille de parchemin? Ne point
pofféder des biens énoncés comme propriétaire , ou les avoir
diffipé ; n'eft-ce pas une égalité
dans l'ordre de la loi? Il y a plus,
fi le mari a diffipé , il n'eft que diffipateur : fi au contraire , les biens
qu'il a apportés ne font point à
lui , il eft criminel envers la femme , infidéle envers la fociété , &
prévaricateur envers la loi. Le
Contrat, il eft vrai , ne fe peut
rompre , parce qu'il eft lié à l'indiffolubilité du mariage ; mais
le mariage fubfiftera toujours
malgré la fraude du mari , & fi

la clause de la communauté qui n'a été acquise que relativement aux biens dont le mari s'est paré injustement, quel risque de l'en priver ? Ou plutôt, il est de la justice de l'en priver, aussi-bien quant à la fraude, que quant au dénuement de sureté pour la dot d'une femme ; mais si sur ce prétexte frauduleux de biens inventés & chimériques, le mari a dissipé la dot d'une femme, y a-t-il en matiere de fraude crime plus aggravant & plus susceptible de la peine de la séparation ?

Cette premiere régle ainsi expliquée, une femme dans la poursuite de sa demande en séparation doit distinguer deux objets de dettes ; les unes antérieures à son Contrat de mariage, les autres postérieures. Un mari habile aura beau lui dire que la loi même que l'on a cité ne dicte pour opérer la séparation que des dettes par lui contractées constant

le mariage ; donc, conclud-il, il
faut écarter les dettes antérieures ; mais la femme sera en état
de lui répondre que son objection ne tend qu'à couvrir sa
fraude primitive ; parce que la
loi qui s'explique ainsi, n'a eu en
vûe qu'un mari plein de probité, qui n'a point fait parade de
biens imaginaires, & qu'elle a
écarté de lui tout soupçon de
fraudes à cet égard ; parce que
cette loi est une suite de celle
qui donnoit à la femme préférence sur tous les créanciers antérieurs, & qui mettoit une dot en
sureté, malgré les fraudes & les
dettes du mari, antérieures au
Contrat de mariage. Si l'exécution de cette loi avoit encore
son effet ; l'indigence actuelle du
mari ne le priveroit pas moins
de sa puissance sur des biens, que
la femme veut lui retirer, en ver-
tu de celle que l'on traite à présent. Indépendamment de cette

réponse ; cette femme pourra
ajoûter, qu'il eſt encore conſtant dans nos mœurs que les biens
ne ſont proprement biens que
libérés de dettes : qu'ainſi il ne
reſte au mari de biens réels,
portés en ſon Contrat de mariage, que ceux qui ſont exempts
de dettes ; d'où il faut néceſſai-
rement conclure que les dettes
du mari, antérieures au Contrat
de mariage, abſorbant dès-lors
ſon propre bien ; la propriété de
ce même bien lui étoit chimérique ; dès-là le mari n'ayant aucun bien, il n'y a point de ſureté pour la dot d'une femme ;
que n'y ayant aucune ſureté,
elle eſt dans le cas de la loi, &
doit répéter cette dot par la voie
de la ſéparation : que la femme
joigne à l'état de ces dettes antérieures, l'état de celles qu'il a
contractées conſtant le mariage,
ſa preuve ſera complette, & ſa

demande en féparation doit de droit avoir tout fon effet.

SECONDE RÉGLE.

De la difcuffion de ces dettes, il faut paffer à la non propriété des biens apportés par le mari ; les fraudes font étranges à ce fujet, & très - difficiles à décou- vrir, furtout lors du Contrat de mariage : les poffeffions à titre de précaire, les poffeffions à titre d'ufufruit, les fucceffions futures, les droits incertains, les biens indivis, toutes fes poffef- fions qui n'ont rien de proprié- taires, & de propriétaires incom- mutables, forment ordinairement les moyens de fraudes les plus communs ; on peut ranger dans cette même claffe les Offices & Charges de toute efpéce.

L'on a vû & l'on voit encore des maris apporter pour biens

réels

réels, des biens dont le pere &
les ancêtres ont eu une simple
jouissance. On en croit le fils
réellement propriétaire ; point
du tout ; cette jouissance n'est que
précaire : les peres, les ancêtres
en jouissoient à titre d'anciens
fermiers, à titre d'anciens rece-
veurs, à titre d'anciens adjudi-
cataires de baux en saisie réelle ;
c'est ainsi que cette jouissance a
donné lieu au fils de s'en déclarer propriétaire. Les biens d'un
pere ou d'un ayeul saisis réellement, passent aux enfans sous
la protection de ces baux ; le
dépérissement de leur maison est
si ancien que l'on ne peut se
dispenser de les envisager sous
le titre de propriétaires. Un mari héritier de telles successions a
seul la connoissance de ces vaines
propriétés dont il décore son Contrat de mariage, par la voie d'une
fraude qui ne se peut reconnoî-
tre que par quelque événement,

ou par un long efpace de tems.

Si un poffeffeur précaire peut
abufer fi facilement de la confiance d'une femme ; un ufufruitier femble avoir plus de droit
à confommer cet abus , parce
que cet ufufruitier ne pouvant
jamais être évincé de fa jouiffance , peut fe décorer à plus jufte titre du droit de propriétaire.
On peut mettre dans cette claffe
le poffeffeur de rentes viageres ,
& de biens fubftitués , qu'un mari
s'attribue fous le titre de propriétaire, fans laiffer l'examen & la
difcuffion au pouvoir de la femme : le moment d'un Contrat
de mariage eft - il bien propre à
faire un examen férieux & à entrer dans une folide difcuffion de
ces différentes fraudes ? Le foupçon feul en arrêteroit le cours.

Ce feroit à préfent une erreur de
placer au rang des fraudes dont
on parle, l'apport des biens fubftitués , qui forment malgré la

ſubſtitution, une ſureté à la dot
& au douaire de la femme.
L'Ordonnance des ſubſtitutions
de 1747 veut que les biens ſubſtitués ſervent de ſureté à l'un &
à l'autre, ſans aucune diſtinĉton
dans les qualités du teſtateur, &
dans les expreſſions du teſtament.
On peut lire ce que je dis à ce ſujet dans mon quatriéme Volume,
qui traite du Douaire; cette ſeule
réflexion ſuffit pour anéantir ce
doute ancien ſur les ſubſtitutions;
& l'apport des biens ſubſtitués
n'eſt plus une fraude, que quant
aux avantages, & qu'il eſt placé
au rang de propriété incommutable. Dans les autres poſſeſ-
ſions il n'y a donc nul fonds
pour la ſureté de la dot d'une femme, puiſqu'il n'y a aucune propriété réelle : donc toutes ces poſſeſ-
ſions annoncées comme propriétés réelles, ſont de la part du
mari autant de fraudes qui forment autant de moyens invinci-

bles pour opérer l'effet d'une demande en séparation. Quelle différence si le mari eut déclaré ces possessions dans le véritable rapport que ces biens ont avec lui ; la femme pour lors ayant contracté avec connoissance de cause , n'auroit point à contredire la conduite de son mari, ni à lui reprocher & ses fraudes, & ces défauts de sûreté relativement à sa dot ; elle auroit ou refusé cette union , ou contracté différemment.

L'on a vû des maris donner pour apport des biens appartenans à leur pere ou mere, dont la succession n'étoit point échue, même des terres dont ils portoient le nom; quoique ceci paroisse exagéré , il n'en est pas moins certain : le fils à la vérité qui employe de tels biens dans son Contrat de mariage, a droit à la propriété , mais il use de fraude, n'en étant point encore propriétaire : il eſt héritier à la vérité du pere ; mais l'ouverture de ſa ſucceſſion n'a pas encore lieu : ce pere d'ailleurs peut en diſpoſer avant ſa mort ; ce droit à la propriété que le fils annonce comme propriété, eſt donc une fraude évidente:ce fils même peut mourir le premier ; & ſi dans l'intervale il a diſſipé la dot d'u- ne femme qui s'imagine tenir des recours certains ; cette femme tombe dans l'indigence la plus affreuſe : le pere, outre ſon droit d'en pouvoir diſpoſer, peut les avoir affecté & hypothéqué à ſes propres dettes ; le fils enfin court le riſque d'un partage, ou qui lui enléve ce même bien, ou qui lui en diminue l'étendue. On a vû des enfans ſe partager la ſucceſſion du vivant de leur pere; ce partage ſouvent n'a plus lieu à la mort du pere, & cependant ce même partage témérai- rement fait entre ces enfans

R iij

est déja affecté ou à leurs dettes, ou à leur Contrat de mariage. On peut appliquer à cette maxime les droits incertains, les biens indivis d'une indivision générale. On a vû depuis peu un mari apporter de gros biens dont partie avoit été vendue du vivant du pere par lui & sa sœur ; on a vû ces mêmes biens rapportés au Contrat de mariage par le frere, & vendus ensuite à la sœur, à laquelle appartenoit la plus grande partie, sous le spécieux appareil de partage & de licitation, & par-là frustrer & sa femme, & ses créanciers ; l'une de la sureté de sa dot, les autres de leurs droits.

Reste un dernier examen sur les fraudes que l'on peut commettre en fait de Charges & Offices. Un mari peut paroître possesseur de tel Office, à trois sortes de titres : ou comme réellement pourvû, & cependant débiteur réel du principal, dont les intérêts font affurés fur les gages de cet Office ; le mari pour lors eft bien pourvû de l'Office, mais il n'en eft pas propriétaire incommutable : ce mari peut en être pourvû comme homme au Roi ; pour lors il n'eft que précairement pourvû & nullement propriétaire : ou bien enfin il n'eft qu'acquéreur du titulaire encore en place ; c'eft un exemple qui eft encore récent : en ce cas le mari n'a qu'un droit à la chofe , *jus ad rem ,* comme s'explique la loi, & non *jus in re ;* attendu que les feules provifions de l'Office donnent la propriété , comme la vente d'une chofe fans tradition de la chofe vendue , ne donne qu'un droit & non la propriété.

Qu'oppofer à tant de fraudes dont les maux paroiffent incurables par le peu d'habileté & de connoiffance en affaires de la part d'une femme? Prendre 1°. un bon confeil; 2°. fe faire repréfenter les titres du mari & les faire énoncer dans le Contrat de mariage tels qu'ils font exprimés; ne recevoir jamais de fucceffions futures, de droits incertains, vagues & indéterminés; fe faire repréfenter les Actes de partages, Inventaire ou autres Actes équivallent; refufer en cas de doute, tout Acte fous fignature privée, & annexer copie en bonne forme au Contrat demariage les Actes de poffeffion du mari.

Voici d'autres fraudes : le mari n'aura apporté qu'une fomme de deniers, & pour fureté, & pour preuve de bonne foi il montrera ces fommes à découvert chez un dépofitaire ou public, ou volontaire ; le Contrat de mariage le force au remploi ; mais il y a lieu de craindre que ce remploi ne fe faffe jamais ;

parce que ces deniers ne font
point à lui : fon droit fur ces deniers n'eft que fimulé ; il eft l'effet d'un Contrat frauduleux. Le
mariage confommé ; le véritable
poffeffeur s'en rend le maître ;
ce cas arrive fouvent. Si une
femme eft fage & prudente ; elle
obligera le mari à former l'emploi
avant les liens du mariage ; elle
commande en fouveraine dans
ces momens où elle décide de fon
fort ; ou fi par les circonftances
où elle fe trouve, elle ne peut
différer l'union qu'elle fe propofe, & qu'elle reconnoiffe fon
mari diffipateur, elle aura attention à fa conduite ; & fuivant
exactement la voie d'une prudence férieufe, elle dirigera, ou
fon action en féparation s'il y a
lieu, ou fçaura s'informer exactement de l'emploi de ces fonds.
Elle peut encore, cette femme,
faire confentir ce mari par le
Contrat de mariage, que le dé-

positaire demeurera nanti des fonds jusqu'à leur emploi, dont il demeurera personnellement chargé ; & de cette façon, la dissipation ou la bonne conduite du mari feront exactement connues.

Troisième Régle.

Une troisiéme régle qui entre dans l'objet des séparations, est de bien connoître & faire connoître aux Juges le caractère d'un mari. Si ce caractère est porté à la fraude ; on examine par les Actes mêmes que le mari produit, la filiation des Contrats frauduleux qui l'ont conduit à surprendre une femme riche, la premiere qu'il trouvera à sa dispo-fition : qu'on ne se trompe point au choix qu'il a fait ; ce n'est point une femme qu'un tel homme a cherché, c'est du bien qu'il a voulu envahir, ou pour le diffi-per en payant ses dettes personnelles, ou pour le faire fervir à fes plaifirs, ou contenter fon ambition.

Si le caractère du mari, fans être porté à la fraude, a un ca-ractère facile, qu'il prête fans difcernement, qu'il fe livre au premier venu, & qu'il ait ainfi diffipé fes biens; comme on ne peut dompter ce caractère, fuivant ce que dit un Poëte, *chaffez le caractère, il revient au galop*; pour lors un tel mari eft indigne de ré-gir & d'avoir aucune puiffance fur les biens d'une femme; un tel homme libre encourreroit lé-gitimement l'interdiction.

Si un mari joint à l'objet de fes diffipations, un caractère violent & emporté; que la force en main, après avoir éprouvé les inutiles efforts de la féduction, il ait contraint une femme à s'o-bliger en fa faveur; qui doute que la preuve d'un tel caractère ne soit propre à décider de la séparation de biens?

Qu'on ne dise point que la considération du caractère du mari ait rapport à la seule discussion qui appartienne à la séparation de corps; ces traits de caractère font tellement du ressort de la séparation de biens, que leur preuve forme une partie solide des moyens nécessaires pour y parvenir; puisque c'est de l'effet de ces différentes passions que viennent & la ruine du mari & celle la femme : d'ailleurs la loi doit être égale; si le caractère d'une femme est d'une grande considération en faveur de l'opposition que forme un mari à la demande de sa femme en séparation, pourquoi distraire du fonds des moyens d'une femme le caractère de ce même mari?

QUATRIÉME RÉGLE.

Une quatriéme régle : qu'une femme ait attention à ne jamais foufcrire rien à fon préjudice, dès qu'elle aura reconnu le caractère d'un mari diffipateur ; & de n'accepter aucun acte de féparation concertée, qui fans empêcher fa ruine, feroit tort à fa réputation, à fa bonne foi & à fon équité.

Qu'une femme ait attention de ne foufcrire à une féparation volontaire, qu'avec connoiffance de caufe, duement juftifiée, & avec les mêmes précautions qu'elle apporteroit en caufe de féparation contradictoire. On a prouvé plus haut que ces fortes de féparations concertées étoient un piége que le mari tendoit à une femme, en fe réfervant tacitement le droit de la faire annuller quand l'occafion lui deviendra favorable :

l'événement a juftifié la vérité de toutes ces obfervations.

CINQUIÉME RÉGLE.

Si la Sentence de féparation n'eft attaquée que long-tems après par la voie de l'appel, il y a plufieurs réflexions à faire de la part d'une femme fur ce qui s'eft paffé de la part du mari depuis le tems de cette Sentence, jufqu'à celui de l'appel.

La premiere réflexion eft qu'il femble que le mari foit non recevable dans fon appel, furtout lorfque la femme prouvera avoir toujours agi en qualité de femme féparée depuis fa Sentence de féparation, foit par Actes judiciaires, foit dans la conduite du ménage, foit enfin par tous les Actes qu'elle aura paffée; Actes qui peuvent d'autant moins être détruits, que la confiance & les intérêts d'un tiers s'y trouvent compromis, & qu'ils ont été passés sous les yeux du mari sans opposition de sa part.

L'on sçait que lors des Sentences de séparation, il faut une exécution & vente des meubles de la communauté ; on sçait que ces ventes sont simulées ; c'est ce qu'une femme doit éviter soigneusement ; la vente doit se faire exactement, suivant l'Ordonnance, la preuve du contraire seroit une source de contestations entre elle & les créanciers du mari, qui ne quittent jamais de vûe la femme qui se fait séparer pour éviter de tomber dans leurs pourfuites.

2°. Une femme doit éviter toutes réserves de la part d'un mari dans quelques Actes que ce soit, & l'en faire défifter sur l'heure, ou par la voie judiciaire ; parce que dans ces inftans si précieux pour elle, le mari n'a encore pû préparer aucune voie de fraude pour se soustraire à cette Sentence , & que toutes les réserves & protestations qu'il fait, en sont déja le préparatif ; car s'il est est de bonne foi , il doit la faire envisager jusques à la fin.

Ces précautions prises, & tant d'Actes de la part du mari jusqu'au jour de son appel, le rendent non recevable dans cette action : l'on a prouvé qu'une demande en séparation de bien n'étoit nullement une question d'état ; ce sentiment si contraire à la nature de cette action avoit fait penser qu'une fin de non recevoir n'étoit jamais admissible : on est persuadé qu'un tel sentiment ne prévaut plus ; donc la fin de non recevoir a lieu contre cet appel , comme contre toute action civile dans le cas où la femme prouve un réel consentement de la part du mari , soit exprès, soit tacite, à la Sentence de séparation ; consentement produit par l'excès l'excès de ses dettes. Les choses d'ailleurs ne sont plus au même état, & elles ont même totalement changé de face depuis le tems de la Sentence jusqu'à l'appel.

Cependant le but d'un Magistrat sage, prudent & éclairé, tendant toujours à la réunion, semble vouloir qu'un mari puisse avoir lieu de soumettre les raisons de son appel, & à la discussion d'une femme, & aux réflexions du Magistrat.

Si un homme fait voir que dans ce laps de tems, il a recouvré un bien proportionné aux hypothéques nécessaires à la sureté de la dot de sa femme; qu'il a recouvré celles nécessaires au remploi d'une dot aliénée; qu'enfin il ait payé ses créanciers sur lui-même; il semble qu'il n'y a pas lieu à se refuser à son appel : mais pour cette preuve, il faut que les Actes dont il se pare ne soient point antérieurs à la Sentence ; car si cela étoit, comme la Sentence a statué nonobstant ces Actes, il ne peut s'en servir en cause d'appel. Il faut en second lieu qu'il prouve l'origine & la solidité de cette nouvelle fortune ; comme des successions ; le gain d'un procès & mil autres choses semblables ; & non pas que ces preuves soient vagues & indéterminées, sauf de la part d'une femme la discussion de ces nouveaux faits, & sa preuve au contraire par la voie d'enquête : ces mêmes observations doivent avoir lieu, soit que la Sentence de séparation ait été rendue par défaut, ou par forclusion, soit qu'elle ait été rendue contradictoirement : pourquoi ? c'est qu'il étoit libre au mari de se défendre par les objets qu'il croit devoir donner lieu à l'appel, & ne pas laisser échapper un si grand laps de

tems pour former fon appel ;
laps qui a changé la nature des
chofes : ainfi ce ne peut donc
être que fur la preuve de faits
nouveaux , que le mari peut
trouver des moyens légitimes pour
foutenir fon appel : dans la cir-
conftance de ces nouveaux objets bien difcutés , & qui forment, & le remploi de la fureté
de la dot d'une femme , & celui
de la dot aliénée , & le payement
enfin de fes créanciers fur fon
propre fonds ; nul doute que la
réunion ne puiffe être faite dans
la fageffe des vûes du Magiftrat ;
mais ce ne peut être que confé-
quemment à des hypothéques
claires , fures & liquides , & non
autrement.

Telles font en général , & les
fraudes les plus communes d'un
mari, & les régles qu'une femme prudente doit obferver dans
la pourfuite d'une demande en féparation de biens ; ces régles fer-

vent en même tems de remedes & de préservatifs contre les fraudes & les dissipations d'un mari. Outre ces régles générales & particulieres, il reste à expliquer un plan de conduite qui paroît réserver une ressource entiere en faveur d'une femme ; ce plan demande de sérieuses réflexions.

CHAPITRE VI.

Moyens solides à opposer aux fraudes
& aux dissipations d'un mari.

PERSONNE ne doute que
le Contrat de mariage ne
soit susceptible de toutes sortes
de clauses qui n'attaquent, ni
l'ordre, ni la pureté de nos
mœurs ; personne ne doute en
second lieu que le mari n'ayant
de puissance sur les biens d'une
femme que par l'ouverture de la
communauté, une femme peut
se refuser à ses effets en l'inter-
disant expressément : l'expérience journaliere convainc de cette
vérité ; d'où il est nécessaire de
conclure, que si on peut interdire la communauté de biens, &
par-là laisser à la femme la libre
administration de ses biens, la
femme peut l'étendre aussi, ou la
limiter dans des bornes que la

volonté des Contractans aura
voulu approuver ; dans ce point
de vûe il faut diftinguer une fille
ou une veuve, libre de fes actions
& de fa conduite ; que nulle autorité paternelle ; nul joug de
minorité ne puiffe gêner : & une
fille ou une veuve encore fous
la puiffance de l'un, ou de
l'autre.

Une femme libre qui fe dé-
voue aux liens du mariage eft
cenfée fage , prudente & cir-
confpecte ; en ce cas elle ne rifque jamais rien de faire fa condition meilleure , en s'écartant
du joug de la puiffance maritale,
en fe confervant la libre adminiftration de fes biens ; c'eft
pourquoi on lui confeille de toujours former une féparation de
biens entre fon mari & elle, de
refufer toute communauté à cet
égard , d'exprimer bien pofiti-
vement qu'il n'y en aura aucune
entr'eux, & de joindre expref-

fément à cette non communauté, une autorifation bien fpécia-
le de la part du mari de jouir par
elle - même du revenu de fes
biens avec toute liberté, en fpé-
cifiant même le montant que
chacun d'eux apportera pour
foutenir les frais du ménage par
forme de penfion réciproque,
fans que cela puiffe paffer pour
ouverture à la communauté que
les Conjoints répudient & en-
tendent toujours répudier. Une
conduite différente la peut jetter
dans les embarras qui font l'objet
de ce Traité ; en s'écartant de
ces régles, quand elle peut li-
brement faire le contraire ; elle
doit imputer fes malheurs à fa
propre imprudence.

Il n'en eft pas de même d'u-
ne femme qui, fous la puiffance
d'un Pere ou d'un Tuteur, fe
marie, moins par fa propre volonté, que par le caprice de ceux
aufquels elle doit l'obéiffance;

C'est donc aux Peres, Meres &
aux Tuteurs que l'on adresse ces
réflexions plutôt qu'à leurs filles.
On écarte d'ici ces Peres & Meres inhumains, ces Tuteurs ambitieux, qui sacrifient les enfans
à leur cupidité, à leur intérêt
ou à leur ambition ; ce sont encore des especes de monstres qui
font frémir la nature, & que les
Loix divines & humaines ont en
abomination : l'expérience nous
dévoile chaque jour les malheu-
reuses suites de ces horribles sa-
crifices dont Dieu semble réserver les auteurs de ces parricides à
ses vengeances éternelles : on ne
prétend parler que des Peres,
Meres & des Tuteurs, qui con-
noissant les droits sacrés dont ils
font dépositaires, ne s'en servent que pour l'avantage réel
de ceux dont la nature ou la loi
leur ont confié le soin. Ceci
bien entendu, il faut considérer
trois espéces de femmes dans cet
ordre,

ordre; les unes dont le fenfible a précedé la raifon; les autres dont la raifon annonce d'heureufes réflexions & un jufte difcernement; & enfin les dernieres dont la conduite volage fait mal augurer de l'avenir. Il faut reprendre chacun de ces portraits féparément.

On attache à cette premiere claffe les femmes dont le fenfible a précedé la maturité de la raifon; un Pere, une Mere, un Tuteur fenfés, doivent attendre cette maturité, & ne pas précipiter une fille dans cet état que les réflexions ne peuvent changer, & dont le Contrat eft inviolable : cependant fi par un certain arrangement de famille, il eft néceffaire de lui faire contracter cette union; il paroît qu'il n'y auroit aucun rifque de pourvoir à la communauté, & de la faire dépendre d'un tems limité

Tom. I. Part. II.   T

ou conditionnel, comme par exemple jufqu'à vingt-cinq ou trente ans, ou bien d'une af-femblée de parens qui décideroit felon le caractère de la femme : ces claufes tiendroient un mari dans une jufte circonfpection ; parce que le tems arrivé du jour préfix, ou de la condition, il fe-roit néceffaire au mari de remet-tre la dot entre les mains de fa femme : cette claufe d'ailleurs n'a rien contre la loi, puifque de même que l'on peut renon-cer à la communauté par le Con-trat de mariage ; de même qu'on peut en reftraindre ou augmen-ter l'étendue, de même on peut en régler le terme & la durée ; fans cependant qu'un mari foit tenu de rendre compte d'autre chofe que du fonds de la dot ; ce feroit pour lors une gêne à un mari, qui terniroit l'ordre de fa puiffance & de fon autorité.

Le sort des femmes, dont la conduite annonce une raison éclairée & un juste discernement, est décidé. On peut mettre de telles femmes dans le rang des femmes libres, & exclure de leurs Contrats de mariage toute espéce de communauté.

Quant à celles dont la conduite ne promet pas de si solides espérances, il faut des précautions qui partent de la prudence de ceux qui ont autorité sur elles ; on avoue que l'embarras est difficile pour éviter ici l'inconvénient des fraudes ou des dissipations du mari : abandonner à la fille la libre administration de ses revenus ! c'est trop hazarder : exposer le mari au sort d'en être privé ! c'est une injustice : il paroît donc convenable en pareil cas de les laisser en entier à la puissance du mari ; si une telle femme est trompée ; elle devra son malheur à sa pro-

T ij

pre indifcrétion, & elle aura le
fecours de la loi de la féparation en fa faveur : l'infortune a
cela de propre, qu'elle porte
toujours un regret fenfible de fe
trouver l'artifan de fes propres
peines ; elle fixe l'efprit ; ramene
le cœur à fes devoirs, & fûre de
trouver un foulagement dans fa
douleur, elle fe propofe par une
conduite folide d'en faire un légitime ufage. C'eft de prime abord
un fort mauvais préfent à un
honnête homme, qu'une femme
de ce caractère. Pour un homme qui prend une telle femme
dans la vûe de fe concilier fon
bien ; un tel préfent lui eft indif-
férent ; c'eft pourquoi l'on penfe
qu'un tel homme doit être tenu
pour fufpect, lorfque connoif-
fant le caractère d'une telle femme, il paffe fur des défauts fi effentiels pour preffer l'exécution de
fon Contrat de mariage.

Enfin l'on peut ajouter la

clause, que s'il arrive que le mari vende ou alienne ses fonds qui servent de sureté à la dot de sa femme, il sera obligé à justifier de l'emploi, sous peine d'encourir l'effet de la séparation: de même que la preuve de ses dettes & de ses dissipations sera un moyen de séparation ; ces clauses motivées à propos retiendront un mari indiscret; & si elles n'operent point cet effet, comme il a signé son propre jugement en adhérant à la clause de son Contrat de mariage, il aura moins lieu de se plaindre de la demande qu'une femme sage & prévoyante lui aura fait envisager de dessein prémédité, comme clause essentielle de son union & de sa communauté.

Chaque siécle produit de nouvelles fraudes, parce qu'il produit différens changemens dans la nature des biens, suivant la

forme du gouvernement : j'ai fait
état de quantité d'autres fraudes dans le cours de mon troifiéme & quatriéme Volume , aufquels elles fe rapportent plus particulierement. J'ai prouvé que la
Jurifprudence étendoit fes vûes
& fes foins fur chacune de ces
différences , parce que la Jurifprudence eft une forte de manu-
tention politique des Loix , qui
fe conduit fuivant les tems , les
lieux & les circonftances. J'ai démontré que dans l'ordre de l'inftitution des Peuples , même relativement à nous , les héritages
étoient les feuls biens connus du
Citoyen ; que Martin V , Pape ,
nous ayant fait connoître dans le
quatorziéme fiécle une efpéce
d'avantage dans les rentes conf-
tituées ; la cupidité l'a faifi ; l'u-
fure en a été la fuite ; la méfian-
ce les a anéanti : mais dans ce
tems la Jurifprudence les a adop-

té au rang des héritages, d'où il a fallu ſtipuller une clauſe de remploi pour aſſurer la dot de la femme.

Bien-tôt après on a admis dans les Contrats de mariage les ſommes mobiliaires, & le mobilier lui-même, d'où l'on a tiré la ſtipulation d'emploi.

Si un mari ne peut être obligé, ni à l'un, ni à l'autre, la loi perd ſa force ; la clauſe devient inutile ; la dot d'une femme reſte ſans garantie ; & tout eſt renverſé.

Mais aujourd'hui que les héritages ſont mépriſés, qu'ils ne ſont plus que la poſſeſſion de millionaires qui employent le ſuperflu de leur fortune à ces acquiſitions, en ajoutant continuellement terres ſur terres : aujourd'hui que la conſtitution des rentes n'eſt preſque plus connue ; que les offices ſont tom-

bés dans le difcrédit : aujour-
d'hui enfin que la fortune du
plus grand nombre confifte en
papiers : il eft néceffaire que la
Jurifprudence trouve les moyens
de rendre ces fignes fufceptibles
des claufes des Contrats de mariage ; ce font ces moyens que je
me fuis efforcé de rendre fenfi-
bles par les différentes claufes que
j'ai crû devoir admettre en faveur de cette variation de fortune, qui forme la dot d'un mari
& qui doit faire la fureté de celle
de la femme. Je renvoie mes Lec-
teurs aux Volumes dont j'ai parlé, qui fuivent immédiatement
ces deux premiers.

L'on croit à préfent les vûes
de l'Auteur & les fages confidérations des Magiftrats remplies
dans leur entier : il auroit été
inutile de découvrir les fraudes
des maris diffipateurs, fans les
prévénir par des remedes cer-

tains. Faſſe le Ciel à préſent que
ces unions naiſſent ſous de meil-
leurs auſpices, en arrachant du
milieu de nous ces ſcandales que
nous fourniſſent ces demandes
continuelles en ſéparation, en
nous délivrant de la main de leur
coupables auteurs; & que l'union
ſincere & véritable, rentrée dans
le centre de ces engagemens ſacrés, on ne voie plus régner que
le bon ordre, la ſageſſe, la bonne foi, & l'équité; c'eſt tout le
but que je me ſuis propoſé dans
ces Eſſais de Juriſprudence.

FIN

TABLE
ALPHABETIQUE
DES MATIERES
De ce premier Volume.

Le premier chiffre indique la Partie ; le second, la Page où l'on renvoye.

A.

C.

D.

F.

FILLES n'avoient pour dot que de légers préfens, lors de leur mariage de la part de leur famille ; I. P. page 21.

Femme a droit, après la féparation ordonnée, de difcuter les biens du mari par falfie-exécution, &c. faifie réelle, &c. *ibid.* p. 74. *& fuiv.*

Femme a droit de difcuffion avant la féparation, & comment ; *ibid.* p. 94. *& fuivantes.*

Femme avoit préférence autrefois fur les créanciers du mari antérieurs au Contrat de mariage, fuivant le droit Romain ; *ibid.* p. 99. 108. *& fuiv.*

Par le Droit François elle n'a pas cette étendue de préférence ; elle eft bornée aux créanciers du mari, du jour de fon Contrat de mariage ; *ibid.* p. 100. *& fuiv.*

Femme mariée eft au rang des émancipés ; *ibid.* p. 8.

Femme criminelle eft un monftre dans la nature ; II. P. p. 129.

Femme doit le refpect à fon mari, en quoi il confifte ; *ibid.* p. 135.

Fraudes

Tom. I.　　　　　　　　V

I.

INDIGENCE du mari, moyen infaillible de féparation ; I. P. p. 20. & *fuivantes*.

Indigence d'un Tuteur le prive de la tutelle ; *ibid*. p. 37.

Indigence du dépofitaire le prive de fon dépôt ; *ibid*. p. 38. & *fuivantes*.

Indigence (mari) n'a aucun droit de s'oppofer à une demande en féparation, & pourquoi ; *ibid*. p. 34. & *fuivantes*.

Jouiffances précaires, ne font point des propriétés ; II. P. p. 193.

Ufufruitieres ne font point des propriétés ; *ibid*.

L.

LOIX Ecrites, pourquoi néceffaires au lien du mariage ; I. P. p. 4.

Loix Ecrites n'ont pû rien changer à la nature du mariage ; *ibid*.

Loix divines démontrent la nature de l'autorité du mari & de la dépendance d'une femme ; *ibid*. p. 3. & *fuivantes*.

Obligation du mari en pareil cas eſt double ; *ibid.* p. 41. *& ſuivantes.*

P.

PÉRIL des fonds dotaux d'une femme, moyen infaillible de ſépa-ration ; I. P. p. 30. 49. *& ſuiv.*

Quelle eſt la nature de ce péril ? *ibid. & ſuivantes.*

Péril de la dot d'une femme ſuffiſam-ment prouvé par l'inſuffiſance des biens & du revenu du mari ? *ibid.* p. 35. *& II. P. p. 146.*

Poſſeſſion précaire, uſufruitiere, fu-ture, indiviſe ; ce que c'eſt, relati-vement aux Contrats de mariage, eu égard aux dotes des maris ; *ibid.* p. 192. *& ſuivantes.*

Preuves par écrit en fait de ſépara-tion de biens, en quoi elles conſiſ-tent ? *ibid.* p. 148. *& ſuivantes.*

Preuves par écrit (défaut de) empê-che la ſéparation de biens ; *ibid.* p. 158. *& ſuivantes.*

Preuves pour parvenir à la ſéparation de biens ; de quelle nature elles doi-vent être ? & de combien de ſortes il y en a ? *ibid.* p. 144. *& ſuiv.*

Principes évidens de la ſéparation de

biens, & plus étendus au second,
troisiéme & quatriéme volume; *ibid.*
page 121.

R.

*R*ECOUVREMENS de nouveaux
biens peuvent faire recevoir l'appel du mari ; dans quelles circonftances ; II. P. p. 209. *& suivantes.*

Régles que doivent fuivre Pere, Mere
ou Tuteur , dans les Contrats de
mariages de leur fille ou de leur pu-
pille , pour être à l'abri des fraudes
& diffipations du mari; *ibid.* p. 214.
& suivantes.

Remedes contre les fraudes des maris
ou les prévenir; *ibid.* p. 199. *& suiv.*

Remplois non admis de la part du mari
dans le cas de la diffipation des fiens,
& comment; I. P. p. 104. *& suiv.*

Remploi du mari doit être égal à la nature de la dot d'une femme, & pourquoi ? *ibid.* p. 66. *& suivantes.*

Remploi de la dot aliénée ne fuffit pas
pour s'oppofer à la demande en féparation de biens; *ibid.* p. 38. *& suiv.*

Répétition de la dot aliénée, moyen furabondant de la demande en féparation;
ibid. p. 20.

V.

APPROBATION.

APPROBATION.

J'AI lû par l'ordre de Monseigneur le Chancelier, un Manuscrit contenant divers Traités sous le titre d'*Essais de Jurisprudence*, & je n'y ai rien trouvé qui en doive empêcher l'impression. A Paris ce 21 Mai 1757.

ROUSSELET.

PRIVILÉGE DU ROI.

LOUIS, par la grace de Dieu, Roi de France & de Navarre, à nos amés & féaux Conseillers les gens tenans nos Cours de Parlement, Maîtres de Requêtes ordinaire de notre Hôtel, Grand Conseil, Prévôt de Paris, Baillifs, Sénéchaux, leurs Lieutenans Civils & autres nos Justiciers qu'il appartiendra, SALUT. Notre amé le Sieur H. D. L. M. Avocat en Notre Parlement, Nous a fait exposer qu'il désireroit faire imprimer & donner au Public un Ouvrage qui a pour titre : *Essais de Jurisprudence*, s'il Nous plaisoit lui accorder Nos Let-

tres de permiſſion pour ce néceſſaires
A ces causes, voulant favorablement
traiter l'Expoſant, Nous lui avons permis & permettons par ces Préſentes de
faire imprimer ledit Ouvrage en un ou
pluſieurs volumes, & autant de fois que
bon lui ſemblera, & de le faire vendre
& débiter partout Notre Royaume pendant le tems de trois années conſécuti-
ves, à compter du jour de la datte des
Préſentes ; faiſons défenſes à tous Imprimeurs, Libraires & autres perſonnes
de quelque qualité & condition qu'elles ſoient, d'en introduire d'impreſſion
étrangere dans aucun lieu de Notre
obéiſſance : à la charge que ces Préſentes ſeront enregiſtrées tout au long ſur
le Regiſtre de la Communauté des Imprimeurs & Libraires de Paris, dans
trois mois de la datte d'icelles ; que
l'impreſſion dudit Ouvrage ſera faite
dans Notre Royaume & non ailleurs, en
bon papier, beaux caractères, conformément à la feuille imprimée, attachée
pour modéle ſous le contre-ſcel des
Préſentes ; que l'Impétrant ſe confor-
mera en tout aux Réglemens de la Li-
brairie, & notamment à celui du dix
Avril 1725 ; qu'avant de l'expoſer en
vente le Manuſcrit qui aura ſervi de

copie à l'impreſſion dudit Ouvrage ſera
remis dans le même état où l'Approbation y aura été donnée, ès mains de
Notre très-cher & féal Chevalier Chancelier de France, le Sieur de Lamoignon,
& qu'il en ſera enſuite remis deux Exemplaires dans Notre Bibliothéque publique,
un dans celle de Notre Château du Lou-
vre, & un dans celle de Notre très-cher &
féal Chevalier, Chancellier de France,
le Sieur de Lamoignon ; le tout à peine
de nullité des Préſentes : du contenu
deſquelles vous mandons & enjoignons
de faire jouir ledit Expoſant & ſes ayans
cauſes, pleinement & paiſiblement, ſans
ſouffrir qu'il leur ſoit fait aucun trouble
ou empêchement. Voulons qu'à la copie
des Préſentes qui ſera imprimée tout au
long, au commencement ou à la fin
dudit Ouvrage, foi ſoit ajoûtée, comme
à l'original. Commandons au premier
Notre Huiſſier ou Sergent ſur ce requis,
de faire pour l'exécution d'icelles tous
Actes requis & néceſſaires, ſans demander autre Permiſſion, & nonobſtant cla-
meur de Haro, Charte Normande, &
Lettres à ce contraires. Car tel eſt Notre
plaiſir. DONNÉ à Compiegne le vingt-
neuvieme jour du mois de Juillet, l'an
de grace mil ſept cent cinquante - ſept,

& de Notre Régne le quarante-deuxié
me. Par le Roi en son Conseil.

LE BEGUE.

*Regiſtré ſur le Regiſtre X I V. de la Chambre
Royale des Libraires & Imprimeurs de Paris,
N° 206. fol. 187. conformément aux Réglemens
de 1723, qui fait défenſes, Article IV. à toutes
perſonnes de quelque qualité qu'elles ſoient, autres
que les Libraires & Imprimeurs, de vendre débiter & faire afficher aucuns Livres, pour les vendre en leurs noms, ſoit qu'ils s'en diſent les Auteurs ou autrement, & à la charge de fournir à
la ſuſdite Chambre neuf Exemplaires preſcrits par
l'Article CVIII. du même Réglement. A Paris ce
cinq Août 1757.*

P. G. Le MERCIER, Syndic.

Fautes à corriger dans ce Volume.

Page 7. *ligne* 11. & que jamais Rome ancienne
n'auroit admiſe, eſt donc, &c. *liſez*, & que
jamais Rome ancienne n'auroit admiſe cette
puiſſance, dis-je, eſt donc, &c.

Page 14. *lig.* 17. faire plier, *liſez*, faire cependant plier.

Page 44. *ligne dernière.* ce qd'elle, *liſ.* ce qu'elle.

Page 58. *lig.* 18. en remploy autre choſe, *liſez*,
en remploy toute autre choſe.

Page 80. *lig.* 9. diſſipés, *ôtez l's.*

Page 184. *lig.* 9. cette fraude, *liſez*, ces fraudes.
lig. 11. l'ayent favoriſée, *liſez*, les ayent
favoriſés.

Page 223. *lig.* 2. ſtipuller, *ôtez une l.*

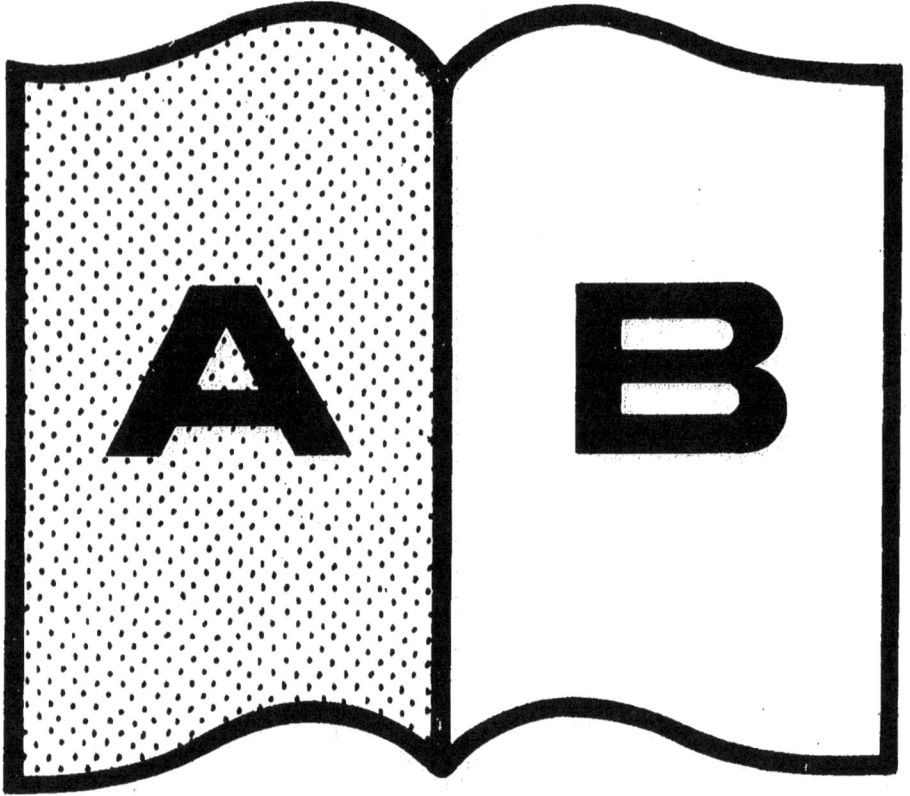

Contraste insuffisant

www.ingramcontent.com/pod-product-compliance
Lightning Source LLC
Chambersburg PA
CBHW070255200326
41518CB00010B/1794